우리 자녀를 위한 신호등 성교육 시리즈

이만하길
다행이야 2 김지연_지음

사춘기를 지나 남자와 여자로 쑥쑥 성장하고 있는 아이들에게

아이에게 바른 성가치관을 심어 주기 원하는 양육자들을 응원하며

여러분, 횡단보도 앞에서 신호를 기다리는데, 우연히 건너편에 서 있는 나의 아이를 보신 적이 있나요? 아마도 무척 반가우셨을 거예요. 집에서 볼 때보다 왠지 더 귀엽고, 사랑스럽고, 심지어 그립고, 안아 주고 싶을 거예요. 하지만 우리는 아이를 안아 주기 위해 바로 달려가면 안 됩니다. 조급해하지 말고 녹색신호로 바뀌기를 기다려야 합니다. 그래야 안전하기 때문입니다.

우리나라 행정안전부는 국토교통부의 자료집을 인용하여 신호등이 있을 때 아래와 같이 신중하게 보행할 것을 안내합니다.

첫째, 반드시 녹색신호에 건너가도록 한다.
둘째, 녹색신호가 켜지자마자 뛰어 들어가지 않도록 하고 차가 멈추었는지 확인한다.
셋째, 횡단보도를 벗어나 건너지 않도록 하고 반드시 횡단보도 우측으로 건너도록 한다.
넷째, 횡단보도를 건너는 자전거나 오토바이를 주의한다.
다섯째, 녹색신호가 깜빡일 때 무리하게 뛰어 건너지 않도록 한다.
여섯째, 횡단보도를 건너다 돌아온 방향으로 갑자기 몸을 돌려 뛰지 않도록 한다.
일곱째, 횡단보도를 건너다 되돌아올 때는 차가 멈추어 있는지 확인한다.
여덟째, 횡단보도에서는 친구들과 장난치거나, 휴대폰을 사용하거나 혹은 게임기로 게임을 하며 건너지 않도록 한다.

더불어 아이들에게 이 내용을 철저하게 반복해서 교육해야 하는 이유를 다음과 같이 말합니다.

- 아이들은 무단횡단이 잘못된 행동이라는 것을 모른다.
- 아이들은 눈에 보이는 자동차만이 유일한 위험이라고 생각한다.
- 아이들은 자동차 안에 사람이 앉아 있기 때문에 자동차 형체가 사람이라고 착각한다.
- 아이들은 자동차의 커다란 전조등이 사람의 커다란 두 눈이라고 느끼기

때문에 눈을 통해 자신을 잘 보고 안전을 지켜 줄 거라고 믿는다.
- 아이들은 도로 반대편 보도에 반가운 친구나 가족이 있을 때 그쪽으로 가고자 순간적으로 도로를 무단 횡단한다.

하지만 아무리 녹색신호일 때 건너야 한다고 교육해도, 녹색신호가 아닌 적색신호일 때 길을 건너는 아이들이 있는 것이 현실입니다. 아이들뿐 아니라 어른들도 이런 경험이 있을 것입니다. 다만 대부분의 아이들이 그간 녹색신호일 때 건너야 한다고 철저히 교육받아 왔기 때문에, 적색신호에 건너는 행동에 대해 긍지를 느끼거나 '빨간불일 때 건너니 짜릿하네. 앞으로도 빨간불일 때 건너야지.'라고 마음먹지는 않습니다. '녹색불에 건너야 하는데……. 다음부터는 조금 더 일찍 준비하고 나와서 빨간불일 때는 건너지 말아야지. 위험할 수 있겠네.'라는 생각을 하기 마련입니다.
실제로 뉴스를 통해 적색신호일 때 건너다가 목숨을 잃거나 크게 다치는 사건을 접하게 됩니다. 물론 녹색신호에 건너다가 다치는 사람도 있지만, 이것은 신호를 어긴 자동차 때문입니다. 즉, 신호를 어기는 것은 정상적이고 일반적인 경우가 아닙니다.

공적 영역에서 행해지는 모든 교육은 신호등과 비슷합니다. 즉, 명료하게 교육해야 할 것들을 중심으로 이루어져야 하며, 결론이 나지 않아 여전히 논란의 대상인 것을 마치 기정사실인 것처럼 주입식으로 교육해서는 안 됩니다. 인간은 불완전한 존재이기에 협력이 필요하고, 질서를 잘 따를 때 효능감과 행복감이 증가합니다. 차에 부딪혀도 다치지 않는 전능한 존재라면 신호등의 신호는 중요하지 않을 것입니다. 하지만 우리는 건강했던 몸이 크게 다칠 수도, 죽음에 이를 수도 있습니다.
우리의 생명은 소중합니다. 그러므로 아이에게 "○○(아)야, 네가 길을 건널 때 신호등이 녹색신호든 적색신호든, 그건 중요하지 않아. 너의 마음대로, 느낌대로 건너. 너의 결정에 맡길게. 적당히 주변을 둘러보고 빨리 달려오는 차가 없다면 신호등 색과 상관없이 너의 자기 결정권대로 건너. 너의 결정권이 제일 중요해."라고 교육하지 않습니다.

만약 아이들에게 이렇게 무질서하게 교육했다면, 아이들은 횡단보도 앞에 서서 어떤 색일 때 길을 건너야 할지 판단하지 못해 위험에 처하게 될 것입니다. 즉, 녹색신호든 적색신호든 건너고 싶을 때 건너는 게 자유라고 배운 아이들은 크게 다칠 수 있습니다. 그러므로 '자유'라는 이름으로 무질서를 용납해서는 안 됩니다. 모두가 질서를 잘 지켜 나갈 때 지속성 있는 자유, 진정한 자유를 오랫동안 안정적으로 누릴 수 있습니다.

다시 한 번 강조하자면 녹색신호일 때 건너라고 교육해도 때론 적색신호일 때 건너는 아이들이 종종 있을 수 있지만, 그렇다고 해서 아예 아무런 기준 없이 교육해서는 안 됩니다.

우리나라 헌법 36조는 "① 혼인과 가족생활은 개인의 존엄과 양성의 평등을 기초로 성립되고 유지되어야 하며, 국가는 이를 보장한다. ② 국가는 모성의 보호를 위하여 노력하여야 한다."라고 명시하고 있습니다. 혼인과 가족생활의 존엄함, 그리고 생명의 탄생과 직결되는 모성의 보호는 법치국가인 대한민국의 최고상위법인 헌법에서도 명시하는 중요한 내용입니다. 팬데믹을 지나며 우울증 및 가정 폭력이 증가했고, 가정이 깨어지는 경우도 많아졌습니다. 수명이 길어진 만큼 고독한 시간도 증가하고 있습니다. 이런 상황 속에서 아이들은 어떻게 인생의 횡단보도를 건너야 하는지 알지 못하고 우왕좌왕합니다. 우리는 아이들에게 녹색신호와 적색신호를 알려 주어야 합니다. 즉, 생명이 보호되고, 가정이 안전 기지로서 잘 작용하여 모두가 외롭지 않고 행복한 세상, 모두가 다치지 않고 안전한 세상, 그리고 설혹 실수해서 적색신호일 때 건넜다 하더라도 반성과 성찰을 거쳐 다음에는 안전한 녹색신호에 건널 수 있도록 독려받고 위로받을 수 있는 세상을 만들어야 합니다.

성교육은 가정과 교육공동체가 함께 책임지고 가야 할 중요한 영역입니다. 최대한 녹색신호일 때 안전하게 길을 건너 목적지에 도달할 수 있도록 가르치는 마음으로 교육해야 합니다. 그리고 이 교육을 따라오지 못하고 이탈한 아이가 있더라도, 적색신호일 때 아무 생각 없이 길을 건넜다가 자책하는 아이를 만나더라도 "이만하길 다행이야. 네가 무사해서 기쁘다. 다음부터는 초록불일 때 건너자."라고 말해 줄 수 있는 따듯한, 그러나 책임감 있는 양육자가 되어야 합니다.

다시 한 번 우연히 횡단보도 앞에 서 있는 아이를 만났을 때를 떠올려 봅시다. 우리는 신호가 바뀌기를 기다려야 합니다. 조급해하지 말고 기다리면 아이를 만나 안아 주고, 가방을 받아 주고, 애썼다고 말해 줄 수 있는 순간이 곧 옵니다.
규명되고 안전한 가이드라인을 일관성 있게 제시하되, 일탈을 경험한 아이를 품으며 "이만하길 다행이야."라고 말해 줄 수 있는 인내심을 가진 양육자라면, 우리도 도널드 위니컷(D. W. Winnicott)이 말한 '충분히 괜찮은(good enough) 부모'가 될 수 있지 않을까요? 완벽하진 않아도 말이죠.

추천사

우리는 자연 속에서뿐만 아니라 사회 공동체 안에서도 생명과 가정을 지켜 주는 안전지대가 되어 줄 질서와 자유를 추구하며 살아갑니다. 이 책은 그동안 차세대의 건강한 성가치관 교육과 중독 예방 교육에 열정적으로 헌신해 온 김지연 대표의 저서이기에 건강하고 발전적인 성가치관을 함양하는 데 큰 도움을 줄 것입니다. 생명과 가정을 소중히 여기고 사회 공동체를 든든히 세워 가기를 바라는 모든 양육자와 교사들에게 이 책을 강력히 추천합니다.

글로벌바른가치연구소 **조우경** 대표

이 책은 생명 경시의 성적 자기 결정권이 아닌 생명을 중시하는 결정권을 가르치는 진정한 인권 존중 성교육 지침서입니다. 청소년의 성적 일탈의 근본적인 원인과 실질적 해결책을 제시해 온 김지연 대표님의 책 발간 소식은 혼란스러운 성교육 현장을 지키고 있는 사람으로서 너무나 반갑습니다. 대한민국의 양육자들과 다시 오지 않을 청소년기를 지나고 있는 모든 분들에게 이 책을 강력히 추천합니다.

Delight연구소 **김다정** 소장

시대의 변화와 더불어 옳고 그름을 따질 여유도, 시간도, 생각도 하기 전에 성교육의 방향성과 속도가 급진적으로 발전하고 있습니다. 그중 하나의 개념이 성적 자기 결정권입니다. 성교육 현장에 있는 한 사람으로서 아직 성장기에 있는 판단력이 미숙한 아동·청소년에게 성적 자기 결정권에 대한 교육이 얼마나 위험한지 절실히 느낍니다. 아동·청소년에게 성적 자기 결정권을 좋은 의도로 교육했다 할지라도 교육자의 의도가 아닌 다른 방향으로 확장하여 이해하고 행동하는 경우가 있기 때문입니다. 이러한 상황에서 김지연 대표의 이 책은 아동·청소년의 건강한 미래와 행복한 삶을 위한 교육이 무엇인지 제시해 주기에 아동·청소년을 지도하는 성교육 지도자들과 양육자들에게 강력히 추천하는 바입니다.

충남이동형청소년성문화센터 **신미희** 센터장

얼마나 오랫동안 기다려 온 책이던가요? 소중한 우리 아이들이 편향되고 과장된 미디어와 왜곡된 성교육에 노출된 결과들을 학교 현장에서 마주할 때마다 안타깝고 속상했습니다. 홍수 속에 마실 물이 없듯이 많은 성교육 책이 쏟아져 나오는데도 자신 있게 추천할 수 있는 책이 없어 고민이었습니다. 그러나 이제 부모님들이나 아이들이 책을 추천해 달라고 할 때 망설임 없이 권할 수 있을 것 같습니다. 이 책이 출판된 것은 개인적으로도 무척 반가운 일이지만, 대한민국 성교육의 앞날을 위해서도 큰 성과라고 생각합니다.

바쁜 와중에도 우리 아이들의 소중한 인생에 바른 지식과 지침을 담은 귀한 성교육 책을 저술해 주신 김지연 교수님의 노고에 감사와 응원을 보냅니다. 또한 가정마다 부모와 자녀들이 함께 이 책을 읽고 나누게 되길 간절히 바라며, 이 책을 강력히 추천합니다.

구리시 청소년성문화센터 **김태연** 센터장

중중발달장애를 가지고 있는 아들의 성교육을 고민하던 저는 김지연 대표님을 통해 외설적이고 비윤리적인 성교육의 문제점을 알게 되었습니다. 우리 아이들을 혼란에 빠뜨릴 수 있는 성교육의 문제점(성적 자기 결정권, 동성애 등)을 쉽게 알려 주시고 생명주의 성교육의 방향성을 제시해 주신 김지연 대표님께 감사드리며, 이 책을 많은 분들에게 강력히 추천합니다.

유스&패밀리키퍼교육협회 **전병령** 공동대표

지금 우리나라 교육 현장은 편향되고 왜곡된 성교육과 성교육 교재들이 넘쳐나고 있습니다. 그 결과 바르고 순수한 꿈을 키우고, 진정한 삶의 목표와 가치관을 확립하여야 할 청소년 시기에 왜곡된 성가치관에 매몰되는 경우가 많아 성교육자로서 늘 안타까운 마음이 컸습니다.

이러한 상황에서 김지연 대표의 『이만하길 다행이야』 시리즈가 출간된 것은 대단히 다행스럽고 반가운 일이 아닐 수 없습니다. 이 책을 통해 자신과 타인의 소중함, 가정과 생명의 소중함, 나아가 올바른 성가치관 확립에 큰 도움이 될 것으로 기대됩니다. 우리나라 모든 양육자들과 이 나라를 이끌어 갈 소중한 우리의 다음 세대 청소년들에게 이 책을 적극 추천합니다.

두드림연구소 **박향미** 소장

성가치관의 혼란과 퇴색이 가속화되고 있는 이 시대에 구체적이고 실천적인 성교육의 바로미터 김지연 대표님의 신간 소식이 너무도 반갑기만 합니다. 이 저서는 인간 됨의 고귀한 가치를 위해 무엇을 분별하고 지켜야 할지 자각할 수 있도록 성별 교체, 성적 자기 결정권, 동성애의 문제점을 심도 있게 다루고 있습니다. 사람을 살리고 성교육을 살리는 또 하나의 시금석이 되길 기대하며, 이 시대를 살아가는 모든 분들에게 추천합니다.

바움성품연구소 **한지영** 소장

요즘과 같이 분별을 잃어버린 시대에 이러한 책이 있다는 것은 정말 놀라운 일입니다. 그리고 감사한 일이지요.

우리는 인생이라는 과제에서 매 순간 어떤 길을 선택할지 고민합니다. 그리고 그 선택이 맞는지 의심하고 분별하며 살아가고 있지요. 그런 지금의 때에 감성에 치우친 것이 아닌 진심과 팩트로 '내'가 누구인지, '내'가 어떠한 삶을 살아가야 하는지 차량의 내비게이션과 같이 삶을 안내하는 가이드가 손에 놓여지게 되어 기쁩니다. 혼탁한 지금의 시대, 매 순간 삶의 중심을 잡고자 노력하는 많은 이들에게 이 책을 강력히 추천합니다.

쉼, 가족회복코칭상담연구소 **김미혜** 소장

차례

아이에게 바른 성가치관을 심어 주기 원하는 양육자들을 응원하며   02
추천사   07

1장 남자로, 여자로 쑥쑥 성장해 가기   — 11

2장 건강한 성가치관 세워 가기   — 35

3장 동성끼리의 성접촉, 안전한 걸까?   — 57

절망 가운데 있는 아이를 마주한 양육자에게   74
미주   77

1장.
남자로, 여자로 쑥쑥 성장해 가기

남자로, 여자로 당당하게 성장하며
신체의 변화를 겪고 있는 아이에게
남녀의 차이를 어떻게 알려 주어야 할까요?

1 의료 현장에서 적용되는 성차의학의 발전

> 최근 들어 의학 등 생명과학 분야에서는 남녀 간 차이점, 즉 성차(性差)가 과거보다 중시되는 경향을 보인다. 물론 의학에서 남녀뿐 아니라 개인차를 고려해 진단하고 치료하는 것은 당연한 일이다. 그런데 최근에는 성별이라는 분명한 차이에 따라 질병의 진단과 치료를 달리해야 한다는 성차의학이 주목받고 있다.

최근 미국 국립보건원(NIH)은 생명과학 분야를 연구할 때, 연구대상이 되는 사람이나 동물의 성별 차이를 고려해야 한다는 가이드라인을 만들었다.[1] 이처럼 의학자들이 병을 진단하거나 치료할 때, 남녀의 차이점을 고려해야 한다고 주장하는 이유는 간단하다. 남녀의 신체적 차이가 너무나 뚜렷한데, 그 차이점을 고려하지 않고 같은 진단법이나 치료법을 사용하여 심한 부작용이 생기는 사례가 빈번하게 발생하기 때문이다. 남자와 여자의 차이점을 인정하는 것은 생명을 보호하는 데 있어 매우 중요한 관점인 셈이다.

1997~2000년 미국에서 치명적인 건강상 문제를 일으켜 판매가 중단된 10개 약물이 있다. 이를 분석한 연구 결과에 따르면, 8개 약물이 남성보다 여성에게서 더 치명적인 부작용을 일으킨 것으로 나타났다.[2] 미국에서 흔히 사용되는 약물 668개 중 307개의 약에서 성별 간 부작용 차이가 발생했다는 논문도 있다.[3] 똑같은 약품인데도 여성에게서 부작용이 더 많이 나타난 것이다.

과거에는 성차의학이 그다지 주목을 받지 못했다. 인문학에서조차 최근 반세기 동안 남녀의 근본적 차이를 부정하고자 애쓰는 경향이 역력했다. 그러나 최근 생명과학, 의학 분야에서는 성별에 따라 의학·약학적 적용을 달리해야 한다는 목소리가 커지고 있다.

특히 협심증, 뇌졸중, 위·식도 역류 질환, 소화 불량, 편두통 등 많은 질환에서 남녀 차이가 뚜렷하게 나타난다. 식품의약품안전평가원의 의약품심사부

종양약품과가 2015년 12월에 발간한 "의약품 임상시험 시 성별 고려사항 가이드라인"에 따르면, 남녀 성차에 따라 약물동력학적 차이를 보이는 의약품이 명시되어 있다.[4]

심부전, 조기 급성 관상동맥증후군, 심혈관 질환, 감염성 질환의 발병률과 사망률, 감염성 질환, 면역 반응, 백신 접종 효능 및 부작용, 자폐 스펙트럼 장애, 알츠하이머, 간 질환 등 여러 분야에서 남자와 여자의 차이점을 적용하여 연구되고 있다. 성차에 따른 치매 치료제 효능의 차이도 최근 의약학계에서 조명받고 있다. 이렇듯 뚜렷한 남녀의 차이점을 제대로 교육하지 않고 오로지 '사회적 학습에 의해 남녀 차이가 생긴 것이지 근본적으로 고려해야 할 남녀 차이가 없다'는 식의 교육은 위험하고 비과학적인 교육으로 경도될 수 있다.[5]

② 남자와 여자의 생물학적 차이

> 남자와 여자는 염색체, 세포, 장기, 생식기관과 성호르몬, 키, 체중, 근육, 뇌, 출산 가능 여부 등 여러 가지 면에서 생물학적으로 다르다.

염색체

사람의 성별은 언제 결정될까? 놀랍게도 정자와 난자가 수정되는 그 순간 이미 성별이 결정된다. 염색체는 쉽게 말해 세포핵 안에 있는 실과 같은 구조로 된 유전인자를 운반하는 핵심 물질이다. 정자는 X염색체나 Y염색체를 운반하는 반면, 난자는 모두 X염색체를 운반한다. 난자가 X염색체 정자와 수정되면 태아는 X염색체가 두 개인 XX염색체의 여자가 되고, 반대로 난자가 Y염색체 정자와 수정되면 X염색체와 Y염색체가 각각 1개씩인 XY염색체의 남자가 되는 것이다.

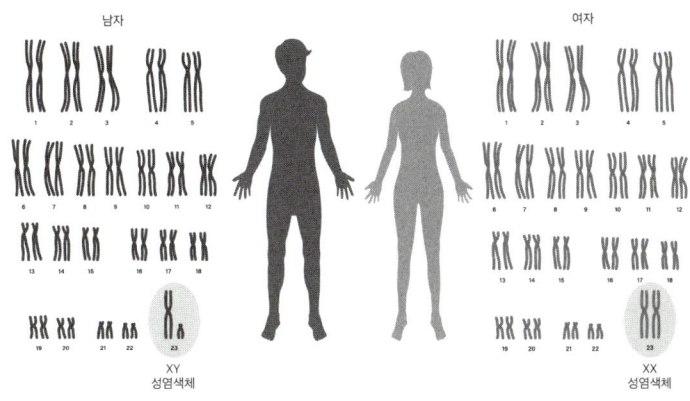

<남녀 염색체>

모든 태아에게는 23쌍의 염색체가 있는데, 그 가운데 22쌍은 남자와 여자가 동일하다. 하지만 성별을 결정하는 23번째 염색체의 경우 여자는 XX, 남자는 XY로 서로 다르며, 우리는 이것을 '성염색체'(性染色體, sex chromosome)라고 구분하여 부른다. 그리고 성염색체인 X염색체와 Y염색체는 완전히 다르다. X염색체 정자는 Y염색체 정자보다 오래 살고, 알칼리성보다 산성 환경에서 활발하게 운동한다. Y염색체에는 남성의 성적 특성 발달 정보가 들어있다. 이처럼 성염색체는 생물학적 성별의 결정이라고 부를 정도로 남녀의 뚜렷한 차이를 드러낸다. 이러한 내용은 우리나라 고교 교과서에서도 확인할 수 있다.

> **간성이란?**
> 육체의 성은 정자와 난자가 만나서 수정란이 될 때 결정되며, 수정란에 있는 염색체와 유전자에 의해 정소, 난소, 성 기관 등이 만들어진다. 따라서 육체의 성은 선천적으로 결정된다고 말할 수 있으며, 뚜렷하게 남성과 여성이라는 두 가지 성으로 구별된다. 그런데 아주 낮은 확률로 남성도, 여성도 아닌 선천성 기형의 일종으로 모호한 생식기

를 가진 간성(intersex)이 만들어질 수 있다. 간성은 선천성 기형의 일종으로 남자인지 여자인지 알쏭달쏭한 성기를 가진 아기들이 태어나는 경우를 말한다. 요도 구멍이 음경 상부나 하부에 위치한 형태로 나오는 요도상열 또는 요도하열 같은 질환도 선천성 기형의 한 예이다.

간성이 생기는 이유로는 성염색체 이상에 의한 것과 그 이외의 원인에 의한 것으로 나눌 수 있다. 성염색체는 정상 여성은 XX, 정상 남성은 XY인데, 성염색체 이상에 관련된 가장 일반적인 발달장애로는 X 하나만 있는 터너증후군과 XXY, XXYY, XXXY 등을 가지는 클라인펠터증후군이 있다.

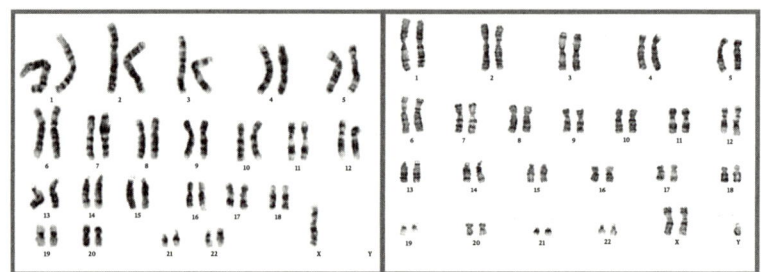

<터너증후군과 클라인펠터증후군 환자의 핵형>

터너증후군은 외형은 여성이지만, 난소의 결함 때문에 2차 성징이 결여되고 가슴이 잘 발육되지 않거나 임신할 정도로 여성성이 발달하지 않는다. 또한 작은 몸집을 가지며, 성인이 되어도 키가 작다. 그러나 여성 호르몬을 투여하면 유방이 발달하고, 생리를 시작하게 된다. 클라인펠터증후군은 감수 분열 과정에서 무작위로 생기는 성염색체의 비분리 현상에 의해 발생하는데, 사춘기에 남성 호르몬이 잘 분비되지 않아 여성형 유방이 발달하며, 고환과 음경의 크기가 유달리 작고 생식 능력이 결여된다. 또한 지능이 낮고 정신적 장애가 있는 경우도 많다.

터너증후군과 클라인펠터증후군의 경우는 사춘기에 그러한 증상이 나타나면서 여러 가지 어려움을 겪는다. 최근에는 호르몬 투여와 수술 등의 방법으로 증상을 많이 호전시킬 수 있다. 그러나 간성을 남성이나 여성이 아닌 제3의 성이나 정상적인 성의 한 종류로 볼 수는 없으며, 수천 명에 한 명꼴로, 즉 매우 낮은 확률로 나타나는 선천적인 성기 기형이라고 보아야 한다.

-이세일 (비뇨기과 전문의)[6]

세포

우리 몸은 약 36조 개 정도의 세포로 구성되어 있고, 그 세포들은 어느 장기(organ), 어느 조직(tissue)의 세포냐에 따라 모양과 기능이 다양하다.

미국 하버드 의대의 수련 기관인 브리검 여성병원과 UC버클리 대학교, 스탠퍼드 대학교 등으로 구성된 연구팀은 나노입자를 흡수하는 데 있어 성별에 따른 세포 차이가 어떤 영향을 미치는지 연구했다. 나노입자는 나노의학에서 약물 전달에 활용되는 핵심 매체이다. 연구팀은 세포의 성(性)이 나노입자를 흡수하는 데 매우 큰 영향을 미치고, 세포의 다양한 분화 능력 향상을 위한 재프로그램에 있어 남성과 여성의 세포가 서로 다르게 반응한다는 사실을 발견했다.[7] 미국 화학회(American Chemical Society)의 *ACS NANO*에 실린 이 논문의 공동 저자이자 의사인 모르테자 마무디(Morteza Mahmoudi) 박사는 남녀의 세포가 의학적으로 각각 다른 반응을 보인다는 중요한 사실을 간과한 채 장기간 나노 연구를 해 온 것이 의학계의 실수라고 주장하기도 했다.

장기(臟器)

남자와 여자는 장기의 크기나 기능에서도 차이가 있다.

일본 오사카 대학 공중보건학 교수인 이소 히로야스(磯博康) 박사는 40~79세 남자와 여자를 대상으로 같은 양의 술을 마셨을 때 몸에 미치는 영향에 대해 조사했다. 이 조사는 미국심장학회(AHA)의 학술지에 실렸는데, 조사 결과에 따르면 하루에 술을 46g 이상 마시는 경우, 뇌졸중으로 사망할 위험이 남성은 48%, 여성은 92%였다.[8] 이러한 결과는 간의 크기 차이 때문으로 보인다. 평균적으로 여성보다 남성의 간이 더 큰데, 이것이 간의 해독 능력으로 연결되는 것이다. 그래서 체중이 같은 남성과 여성이 같은 양의 술을 마셔도 몸에 미치는 영향이 다르게 나타난다. 즉, 개인적인 차이가 있을 수는 있지만 평균적으로 남성과 여성이 똑같은 양의 알코올을 섭취했을 때 간의 크기가 더 큰 남성이 여성보다 알코올 해독 능력이 더 빠르게 나타난다.

국민건강보험공단의 건강보험 데이터 분석 결과를 살펴보면, 2017년 소화 불량 환자는 남성 246,000명, 여성 370,000명으로 나타났는데, 이는 여성이 남성보다 1.5배 높은 수치였다.[9] 개인마다 소화력의 차이가 있겠지만, 같은 음식을 먹고도 소화 불량을 일으키는 남녀의 수치에 크게 차이가 있는 것을 보면 남자와 여자는 소화력에 있어서도 어느 정도 차이가 있음을 유추할 수 있다.

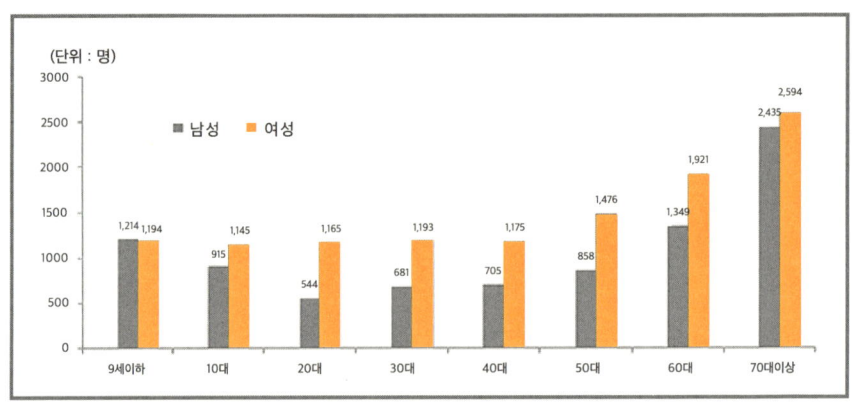

<2017년 연령대별 인구 10만 명당 '소화불량' 진료 인원, 국민건강보험공단>

생식기관과 성호르몬

수정 당시 남자 아기와 여자 아기에게 부여된 고유의 성염색체는 태아 발생 초기에 정소(일명 고환) 또는 난소의 발생을 결정한다. 태아가 발육하는 동안 생식선, 즉 난소와 정소에서 분비되는 호르몬에 따라 나머지 모든 성징의 발현이 이루어지게 된다.

여성에게는 자궁과 난소가 있다. 한 쌍의 난소는 두 개의 나팔관 끝에 붙어 있는데, 이 난소는 자궁과 연결되어 있다. 자궁의 아래쪽, 질의 윗부분과 연결되어 있는 부분에는 자궁 경부가 있다. 질은 신체 외부와 연결되는 10cm

가량의 통로다. 여성에게만 있는 난소에서는 여성 호르몬인 에스트로겐(estrogen)과 난자를 만들어 낸다. 이로 인해 여성만이 임신과 출산이 가능하다. 난소는 또한 프로게스테론(progesterone)도 분비한다.

반면, 남성은 정자를 생산하는 정소와 정낭, 전립선 등을 가지고 있다. 고환을 가지고 있는 남성만이 정자를 생산할 수 있다. 남성 호르몬인 테스토스테론(testosterone)도 고환에서 생성된다. 남녀의 생식기관에서 주로 생산되는 호르몬은 혈관을 통해 신체 곳곳에 전달되어 여러 가지 남녀의 다른 점들을 발현시킨다.

고환이라는 장기에서는 남성 호르몬이, 난소라는 장기에서는 여성 호르몬 분비가 가장 활발하다. 즉, 남녀 생식기의 차이점 때문에 호르몬 차이가 뚜렷해진다.

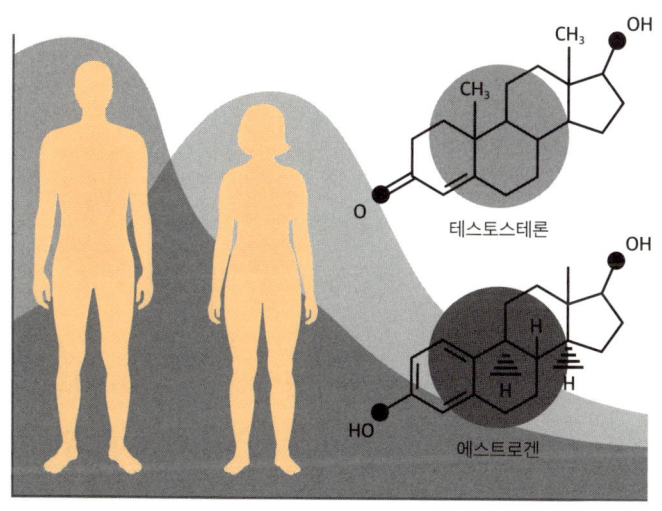

<남녀의 성호르몬>

성호르몬은 남성과 여성의 신체적인 차이에 결정적인 영향을 준다. 에스트로겐과 테스토스테론은 여성과 남성 각각의 고유하고 대표적인 성호르몬이다. 난소에서 분비되는 여성 호르몬, 고환에서 분비되는 남성 호르몬은 뇌하수체

전엽의 생식샘 자극 호르몬의 영향을 받아 생식기관 발육, 기능 유지, 2차 성징 발현 등에 관여한다. 이뿐만 아니라 성호르몬은 특유의 작용으로 인해 성별에 따른 정신적인 차이도 유발한다.

테스토스테론과 에스트로겐은 부신(副腎)을 통해 남녀 모두 소량씩 분비된다. 차이점이 있다면 부신피질 호르몬이 분비되는 속도가 남성에게서 좀 더 빠르다는 것이다.

남성 호르몬인 테스토스테론은 비교적 결단을 빨리 내리고, 확신을 빨리 가지게 하며, 성욕 호르몬과 연관이 있어 테스토스테론 주사를 맞으면 성욕 저하 현상이 완화된다. 또한 활력과도 관련이 있어 남성들에게 테스토스테론을 처방하면 우울증이 크게 완화되며, 신경 조절 물질인 도파민을 촉진시켜 좌뇌 전두엽을 자극해 집중력을 향상시키고 용감하게 만들기도 한다.

그러나 남성 호르몬이 남성에게만 있는 것은 아니다. 여성에게도 남성 호르몬이 있어 겨드랑이, 성기 주위에 털이 나는 것에 영향을 미치며, 남성 호르몬이 부족할 경우 성욕, 삶의 활력, 근육량이 떨어지기도 한다. 그러므로 여성에게도 일정량의 남성 호르몬이 필요하다.

여성 호르몬 중 에스트로겐은 사춘기 무렵에 많이 분비되어 여성의 2차 성징을 돕는다. 에스트로겐은 매달 여성의 생리에 큰 영향을 미치는데, 특히 생리 초반에 자궁 내막을 두껍게 만드는 역할을 한다. 생리 후반에는 프로게스테론이 자궁 내막을 유지하도록 도와 수정란의 착상이 잘 되도록 돕는데, 이러한 프로게스테론은 부신에 의해 생성되어 여성이 임신을 하고, 임신을 유지하는 데 중요한 기능을 한다.

에스트로겐은 기분을 조절하는 뇌 화학물질과 상호 작용하며, 호르몬 수치가 낮아지면 쉽게 불안해지고, 기분이 저하되는 경험을 하게 된다.[10] 특히 여성의 경우, 약 한 달 주기로 에스트로겐 등 여성 호르몬의 변화가 있기 때문에 기분과 신체의 변화를 고스란히 겪게 되는 경우가 많다. 에스트로겐은 세로토닌과 도파민과 밀접한 관계가 있어서 에스트로겐의 농도가 올라가면 세로토닌과 도파민의 분비량이 늘어나면서 기분이 좋아지고, 에스트로겐 농도가 감소하면 분비량이 줄어들면서 기분이 나빠지게 된다.

세계기분장애학회의 공식 학회지(Journal of Affective Disorders)에 실린 한 조사 결과에 의하면, 초경 시기와 관계없이 폐경이 빨라질수록 우울증이 발생할 확률이 높다고 한다. 이것은 폐경으로 인해 에스트로겐이 감소하면서 나타나는 현상으로 볼 수 있다.[11]

키

남자와 여자는 '키', 즉 신장에 있어서도 평균적으로 차이를 보인다. 산업통상자원부 국가기술표준원은 "제8차 한국인 인체치수조사"[12] 결과를 공개했다. 2020년 5월부터 2021년 12월까지 진행된 조사에는 20~69세 한국인 6,839명이 참여했다. 조사를 통해 발표된 20~69세 성인 전체 측정치를 평균 낸 값을 보면 우리나라 남성의 평균 키는 172.5cm이며, 여성은 159.6cm였다.

1979년 1차 조사와 비교하면 남성은 6.4cm, 여성은 5.3cm 커졌으며, 2015년에 비해서도 평균 키가 0.5cm, 1.3cm씩 증가한 것으로 나타났다. 모든 연령이 마찬가지로 뚜렷하게 평균 키 상승이 나타나고 있다.

이처럼 남녀가 뚜렷하게 평균 키 상승을 이루고 있지만, 여전히 남녀 간의 키 차이가 분명하다. 30대를 기준으로 보면 남자의 평균 키는 174.9cm이고, 여자는 161.9cm이다. 남녀의 평균 키 차이가 13cm나 나는 것이다.

> 한국 女 키 100년새 20cm↑ … 성장속도 세계 1위[13]
> 물론 키가 큰 여자도 있고 키가 작은 남자도 있다. 그러나 평균적인 남녀의 키 차이는 어느 나라, 어느 민족이든 예외 없이 존재하고, 평균 신장이 큰 성별은 남성이다.
> 참고로 1914년 우리나라 남자들의 키는 평균 159.8cm였는데, 2014년에는 174.9cm

로 성장하여 200개 국가 중 순위가 거의 100단계나 껑충 뛰어올랐다. 1914년 우리나라 여자들의 키는 평균 142.2cm였는데, 2014년에는 162.3cm로 성장해서 200개 국가 중 순위가 141단계나 껑충 뛰어올랐다. 영국 연구팀에 따르면, 지난 100년간 전 세계에서 가장 많이 키가 커 버린 국가가 대한민국이라고 한다.

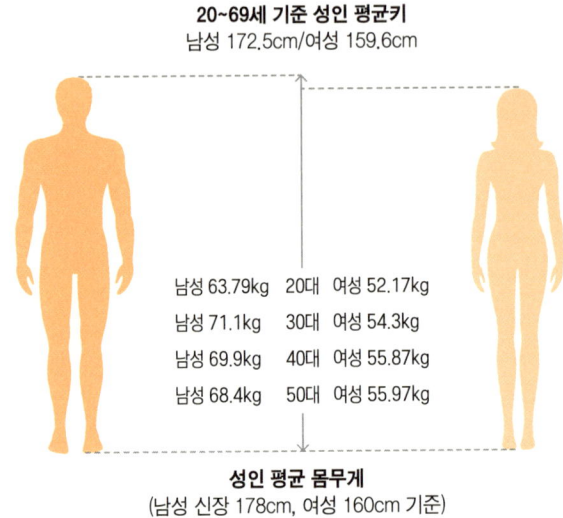

<남녀의 체격 차이>

체중

남자와 여자는 체중에 있어서도 평균적으로 큰 차이를 보인다. 교육부의 "2019년도 학생건강검사 표본통계 분석결과"[14]에 따르면 남자와 여자의 평균적인 체중의 차이는 초등학교 저학년에서부터 현저히 드러난다. 초등학교 1학년 남학생은 평균 25.5kg, 여학생은 24kg이다. 초등학교 4학년은 남학생 약 38kg, 여학생 35.4kg이며, 6학년은 남학생 약 49kg, 여학생 46kg 정도였다. 중학생 남자 기준으로 1학년 약 55kg, 2학년 61kg, 3학년 65kg 정도이며, 여자 기준으로 1학년 50.5kg, 2학년 약 53kg, 3학년 약 55kg으로 나타났다.

고등학생의 경우는 남자 기준 1학년 약 68kg, 2학년 약 70kg, 3학년 71.5kg이었으며, 여자는 1학년 56.4kg, 2~3학년은 약 57kg으로 확인된다.

성인 남성은 신장 178cm를 기준으로 20대의 평균 몸무게가 63.79kg이었으며, 30대는 71.1kg, 40대는 69.9kg, 50대는 68.4kg으로 확인되었다. 여성의 경우 키 160cm를 기준으로 20대의 평균 몸무게는 52.17kg, 30대는 54.3kg, 40대는 55.87kg, 50대는 55.97kg으로 나타났다.

이렇듯 남자와 여자의 체중 차이는 남녀의 평균 키, 남녀의 평균 근육량, 남녀의 평균 피하지방량의 차이 등에 기인한다.

근육

일반적으로 남자는 테스토스테론 등의 영향으로 같은 양의 근육운동을 하더라도 여자보다 근육이 더 쉽게 발달한다. 남자의 체중 대비 근육량이 여자보다 10% 이상 많기 때문이다.

남녀의 신체적 차이는 일상사에서 직면하는 근력 하나만 봐도 쉽게 알 수 있다. 남자와 여자는 각종 상황이나 대상 앞에서 힘과 관련된 역동이 다르다. 한 예로 무거운 택배가 집에 배달됐을 때 '어떻게 집 안으로 들여놓을까?' 하는 생각은 근력의 차이와 유관하게 나타난다. 택배뿐 아니라 세상의 모든 무게 나가는 것들에 대한 남자와 여자의 반응이 다를 수밖에 없다.

과거에는 학교에서 학생들의 기초 체력을 측정하는 체력장이 있었다. 그런데 체력장에서도 남자와 여자의 차이가 극명히 드러나곤 했다. 근력 테스트로 남학생은 턱걸이를 하고, 여학생들은 팔 굽혀 매달리기를 했다. 남학생은 철봉 위로 턱이 올라갈 때까지 팔 힘으로 자신의 체중을 견인해야 했고, 여학생은 의자를 딛고 올라가서 철봉을 상회하는 위치에 턱을 두고 팔과 다리를 구부려 매달린 상태에서 의자를 치운 후, 버텨야 했다. 그때 선생님은 남학생의 턱걸이 횟수와 여학생의 매달리기 시간을 쟀다. 남학생과 여학생의 근력을 측정하는 시험이 달랐다는 것이다. 이는 남녀의 근력이 다르기 때문으로, 만약 같은 기준으로 남녀의 근력을 측정했다면 남학생이 여학생보다 유리할 것이다.

<체력장에서 여학생을 대상으로 한 근력 테스트, 한국민족문화대백과>

뇌

미국 펜실베이니아 대학교 의대 라지니 버마(Ragini Verma) 교수 연구팀은 남녀 간 뇌의 뚜렷한 차이가 발견되었다고 발표했다.[15] 8~22세 남자 428명, 여자 521명의 뇌 구조를 비교해 본 결과, 여자의 뇌는 대뇌 좌반구와 우반구를 오가는 연결망 구조가 발달한 반면, 남자의 뇌에서는 각 대뇌 반구의 내부 연결이 여자보다 상대적으로 더 발달했음이 관찰된 것이다.

이러한 뇌 연결망 구조의 차이는 남녀 간 사고방식, 즉 분석 위주의 사고 혹은 공감 위주의 사고 등 여러 가지 사고와 행동의 차이로 나타난다. 연구팀은 남자의 뇌 구조는 감각인지(perception)와 통합 행동(coordinated action)에, 여자의 뇌 구조는 기억, 직관, 사회성 등에 더 역동적일 수 있다고 발표했다. 물론 성별을 넘어 개인의 차이가 클 수 있으나 이것은 남녀 뇌에 대한 평균적인 차이점을 언급하고 있는 연구들이다.

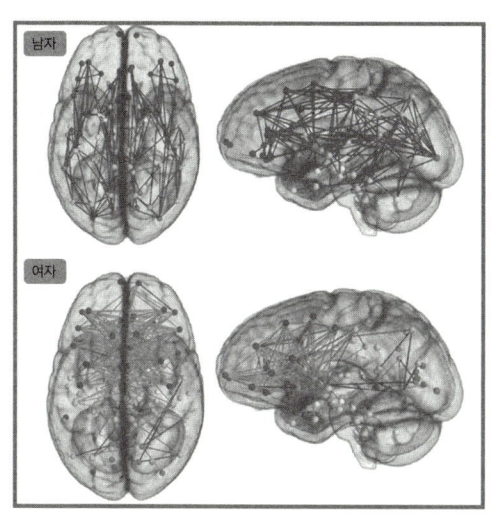

<뇌 연결 구조가 다른 남자와 여자>

이것뿐만이 아니다. 2012년의 한 연구 논문에 의하면 "(과제의 수행 시험에서) 성별 차이는 (연령별 차이에 비해) 훨씬 적기는 하지만 분명하게 나타나는데 여자는 집중, 언어, 얼굴 기억, 추론 속도 면에서 남자보다 높은 수행력을 보였고, 남자는 공간 처리와 감각 운동, 운동 속도면에서 여자보다 높은 수행력을 보였다."라고 한다.[16] 그리고 랜스텔(Lansdell), 기무라(Kimmura) 등의 학자들은 왼쪽 뇌가 손상된 환자 중에 실어증 증상을 보이는 사람이 남자가 더 많고, 남자가 여자에 비해 그 증세가 더 심한 경향을 보인다는 것에 주목했다. 왼쪽 측두엽이 손상된 환자를 대상으로 속담 풀이 능력을 테스트해 보면, 남자에게 더 큰 지장이 있음을 발견했다는 보고도 있었다. 이런 사실은 남자는 언어 기능의 대부분이 왼쪽 뇌에 모여 있는 데 비해 여자는 언어 기능이 좌우에 분산되어 있을 가능성을 시사한다.[17] 최근 혈액 순환 정도를 측정하거나 기능적 MRI 등을 사용한 연구 결과에서도 여성은 남성과 달리 말할 때 양쪽 뇌를 모두 사용하는 것으로 밝혀졌다. 실독증이나 말더듬증 등

언어 기능과 관계된 환자의 대부분이 남자인 것도 남자의 뇌기능이 분산되지 못해서 뇌 손상 증상이 그대로 나타나는 것임을 보여 준다.

이처럼 남녀의 뇌 차이가 크다는 사실이 발표되면서 우리나라 질병관리청에서는 뇌 질환 예방을 위해 남자와 여자의 뇌를 다르게 관리해야 한다고 발표했다.[18] 대뇌피질 두께 감소, 즉 대뇌피질 위축은 치매 환자뿐 아니라 정상인에게서도 인지 기능 저하를 예측할 수 있는 잠재적 인자로 알려져 있고, 대뇌피질 두께가 지나치게 얇아지면 알츠하이머 치매 위험이 높아진다고 한다. 질병관리청에서 65세 이상의 1,322명(남자 774명, 여자 548명) 노인을 대상으로 MRI 영상의 대뇌피질 두께를 측정하여 심장 대사 위험 요인과 대뇌피질 두께와의 연관성을 분석하여 발표했는데, 이 자료에 의하면 고혈압, 당뇨병, 비만 등이 있는 여성이 같은 조건의 남성보다 대뇌피질 두께가 감소되기 쉬웠고, 남성은 오히려 저체중인 경우에 대뇌피질 두께 감소가 많이 나타났다.

한국기초과학지원연구원 자기공명 연구부의 조경구·김형준 박사 연구팀은 뇌 속 '편도체 중심핵'(central nucleus of the amygdala)이 나이가 들면서 어떻게 변하는지 관찰한 결과, 편도체(amygdala, 정서 기억 저장, 공포, 불안, 성행위 등과 관련)의 노화로 인한 변화가 남성과 여성에게서 각기 다르게 나타난다는 사실을 밝혔다. 지금까지는 뇌피질핵 크기에서 남녀 차이가 없는 것으로 보고되어 왔다. 그런데 이 연구를 통해 남성의 뇌 편도체 피질핵 크기가 여성보다 더 큰 것이 확연하게 밝혀졌고, 연구팀은 남성이 여성보다 성적인 의미를 담은 시각 자극에 민감하게 반응하는 것이 이러한 뇌 편도체 피질핵 크기의 차이에서 비롯된 것일 수 있다고 밝혔다.[19]

출산 가능 여부

여성은 남성과 달리 아기가 자라는 집인 자궁이 있고, 월경 주기에 따라 한 달에 한 번 난자가 난소에서 배출되기 때문에 다달이 임신을 할 수 있다. 그리고 출산 후에 모유를 먹일 수 있는 유방이 있으며, 아기가 자라는 자궁과 산도(출산길)를 포함하고 있어 남성과 다른 골반뼈를 가지고 있다. 그래서 여성의 골반이 남성보다 훨씬 넓고 벌어져 있다. 그러나 남성의 골반뼈는 여성에 비해 좁기 때문에 출산이 불가능하다.

> **남자가 임신했다는 뉴스를 본 것 같은데요?**
>
> 간혹 남자도 임신이 가능해진 것이 아니냐는 질문을 하는 아이들이 있다. 트랜스젠더 남자들이 임신한 기사를 보았다는 것이다. 실제로 해당 기사들을 보면 외관이 남자처럼 보이는 사람의 임신 사진과 함께 그 기쁨을 전하고 있다.
>
>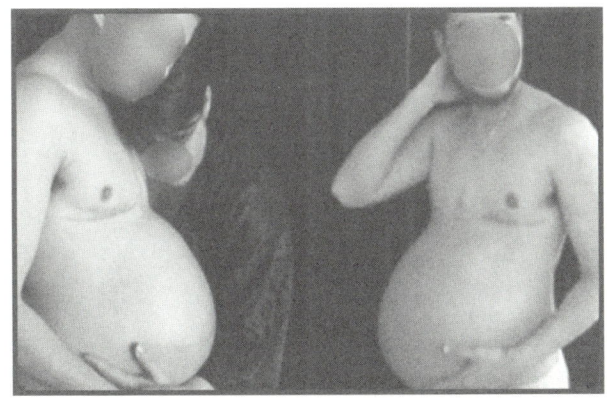
>
> <생식기 제거 수술을 하지 않은 여성 트랜스젠더의 임신>
>
> 그러나 이것은 남성이 임신한 모습이 아니다. 생물학적으로 남자인 사람이 임신을 한 것이 아니라 생물학적으로 여성, 즉 여자로 태어난 사람들의 임신이다. 수염이 수북하고 근육이 발달한 모습 때문에 남자가 임신한 것처럼 보일 수 있다. 그러나 이들은 생물학적으로는 여자이지만, 남자로 살아가는 성전환자들이다. 오랜 시간 동안 성전환 호르몬 등을 주입해 근육이 자라고 수염이 수북해졌으나 세포핵마다 여전히 여성 염색체, 즉 XX가 있으며 자궁과 난소를 가지고 있는 여자라는 말이다. 그런데 언론에서 마치 정상적인 남자가 임신을 한 것처럼 보도하여 사람들에게 혼란을 주고 있다.[20]

③ 남녀의 생물학적 차이가 사회적으로 미치는 영향

> 남녀의 생물학적 차이는 사회적으로 여러 가지 차이를 가져온다. 한 예로 소방공무원 체력검정 점수에서 남녀의 기준이 다르며, 직업 분포에 있어서도 남녀 간 차이가 나타난다.

위기 상황 속에서 생명과 재산을 구하는 특수한 임무를 하는 소방공무원은 절체절명의 순간에 25kg 이상의 복장과 장비를 장착하고, 사람을 구하기 위해 불 앞에 서야 하는 극한 직업이다.

<보호 장비를 착용한 소방공무원, 서울소방재난본부>

소방공무원이 되려면 강한 지구력과 근력이 필수이기에 악력(握力)과 배근력(背筋力, backmuscle-strength), 윗몸 일으키기, 제자리멀리뛰기, 왕복 오래달리기, 앉아 윗몸 앞으로 굽히기 등 총 6가지 체력시험을 봐야 한다. 6종목 70점 만점에서 30점 이상을 받아야만 시험에 통과할 수 있다.

그런데 소방공무원 체력검정 점수 기준표를 보면 남녀의 차이를 확연히 알 수 있다. 남성의 악력 테스트에서 최하 점수가 여성에게는 9점이다. 배근력 테스트 역시 큰 차이가 있다. 배근력 테스트에서도 남성의 최하위점이 여성에게서는 7점에 해당한다. 이는 남녀의 근골격계 차이를 인정한 것으로, 신체의 차이가 물리적인 힘의 차이로 드러난다는 뜻이다.

종목	성별	1	2	3	4	5	6	7	8	9	10
악력 (kg)	남	34.0 이하	34.1-36.8	36.9-39.6	39.7-42.4	42.5-45.2	45.3-49.2	49.3-52.4	52.5-55.4	55.5-58.0	58.1 이상
	여	20.6 이하	20.7-22.3	22.4-24.0	24.1-25.7	25.8-27.5	27.6-29.7	29.8-31.7	31.8-33.7	33.8-35.7	35.8 이상
배근력 (kg)	남	93 이하	94-106	107-119	120-133	134-146	147-156	157-167	168-178	179-194	195 이상
	여	51 이하	52-59	60-67	68-76	77-84	85-91	92-99	100-107	108-114	115 이상

<소방공무원 체력검정 점수 기준표(시행 2021. 3. 8)>[21]

성별의 차이는 직업군에서도 나타난다. 한국노동사회연구소는 성별에 따라 남성 15대 직업과 여성 15대 직업을 분류했다. 그리고 남성과 여성에게서 공통되는 직업군을 파악하고, 각 성별이 어떤 직업에 종사하고 있는지 분석했다.[22] 그 결과 2017년을 기준으로 여성 15대 직업과 남성 15대 직업에 공통된 직업은 경영 관련 사무원, 매장 판매 종사자, 청소원 및 환경미화원, 행정 사무원으로 4개였다. 그러나 11개의 직업은 남녀가 달랐으며, 성별에 따라 편중된 것으로 나타났다.

여성은 사회복지 관련 서비스 종사자, 의료복지 관련 서비스 종사자가 많으며, 학교 교사, 간호사, 보건의료 관련 부분에도 남성에 비해 많이 종사하고 있는 것으로 나타났다. 반면, 남성은 자동차 운전, 건설현장 종사, 배달 등 여성에게서는 찾기 힘든 직업군에 많이 분포되어 있었다. 즉, 여성은 상대방과 소통하면서 서비스를 제공하는 직업을 더 많이 가지는 반면, 남성은 육체적인 힘을 사용하거나 남성에게서 발달한 공간 능력을 발휘할 수 있는 직업을 더 많이 가지고 있었다.

(단위 : 천 명, %)

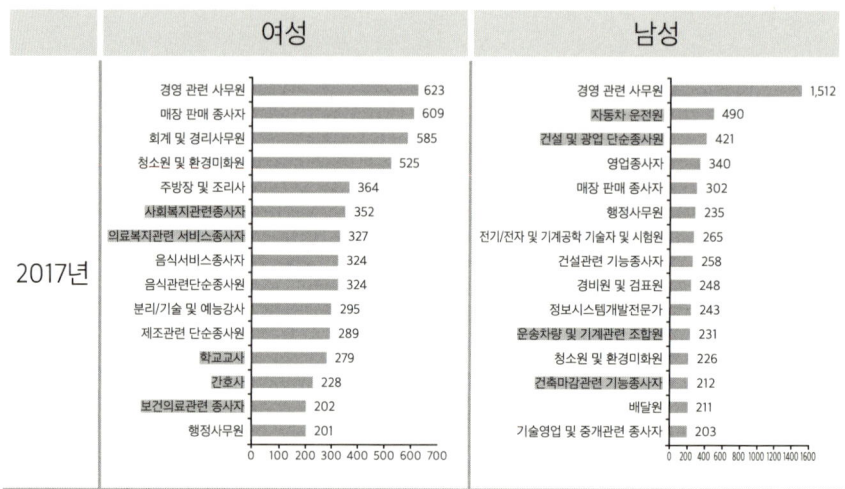

<임금노동자 성별 15대 직업(2017년 기준)>[23]

④ 남녀 성별에 대한 양육자의 양육 태도

> 부모는 자녀를 편애하지 않고 공평하게 사랑해야 한다. 그러나 자신도 모르게 잠재된 성별에 대한 선입견과 선호도로 인해 성별에 따라 자녀를 차별하거나 편애하는 실수를 범하는 경우가 있는데, 이는 양육자에게도, 편애나 차별을 받는 아이들에게도 매우 해롭다.

성별을 이유로 기회를 박탈당하거나 차별 또는 편애를 경험하는 것은 자녀들에게 씻을 수 없는 상처를 남기고, 훗날 자신의 성별에 대한 불만을 갖게 할 수 있다.

양육자는 남자와 여자의 다른 점들을 생활 속에서 자연스럽게 잘 설명해 주어야 한다. 딸과 아들을 차별해서는 안 되지만 무조건 남자와 여자가 똑같다고 교육해서도 안 된다. 남자와 여자는 분명히 구별되고 그 차이점이 기능적으로 조화를 이루기 때문이다. 그러므로 남자와 여자의 차이점, 즉 성별에 따라 부여된 기능적 차이와 조화에 관해서도 교육해야 한다.

남녀 성별에 따른 특징을 강조하고, 기능적 차이점을 교육하는 성교육은 '남녀 차별적 성교육' 혹은 '이분법적 성별 고정관념'에 치우친 교육이라고 치부되기도 한다. 그러나 '아들딸을 차별하는 것'과 '아들딸의 차이를 인정하는 것'은 전혀 다른 문제다. 양육자는 남녀의 차이점을 인정하고, 그 차이점이 얼마나 아름다우며 놀라울 정도로 상호 보완적인지 아이들에게 교육해야 한다. 이것은 자녀가 아름다운 결혼과 부부생활을 하고, 사람에 대해 폭넓은 이해를 하는 데 큰 도움을 준다.

또한 성별로 친구를 놀리지 않도록 지도하고, 자신의 성별로 우월감을 가지거나 열등감을 가지지 않도록 사랑으로 지도해야 할 것이다.

<바른 성별 정체성>

자기가 태어난 성별, 자신의 신체를 있는 그대로 인정
자신의 성별을 부정하지 않고 감사하는 태도
남녀 성별에 대해 긍지를 가지는 태도

<자녀의 성별에 대한 양육자의 태도>

성별을 이유로 자녀를 차별 혹은 편애하지 말 것
아들과 딸의 성별은 자기 필요나 의지와 상관없이 수정 순간 조합된 염색체 유전 정보에 의해 결정되는 것임을 인정

⑤ 재능과 성별의 차이 구분

> 건강한 성별 정체성이란 타고난 자신의 생리적(생래적) 성별을 잘 인지하고, 자신의 성별을 받아들여 남녀를 공평하게 대하는 것이다. 즉, 기능적 구별에 대한 의학적 지식을 인정하고 신뢰하는 것이다.

"자녀가 여자아이인데 외발자전거 타는 걸 혼자 익히고, 태권도를 좋아해요. 꼭 남자아이처럼 행동하는데, 어떻게 하면 좋을까요?", "자녀가 남자아이인데 피아노 연주나 인형 옷 갈아입히기를 좋아해요. 꼭 여자아이처럼 행동하는데, 어떻게 하면 좋을까요?" 이런 질문을 하는 양육자는 나아가 다음과 같은 걱정을 한다. "저러다가 친구들한테 여자아이 같다고 놀림 받을까 봐 걱정돼요.", "또래들과 정상적인 교제를 못 하는 건 아닐까요?", "나중에 커서 자기가 남자가 아니라 여자라고 할까 봐 불안해요."

우리는 운동을 잘하는 재능을 가진 딸로, 소근육 쓰기를 좋아하는 아들로 인정하는 것, 즉 재능과 성별을 구별해야 한다. 또한 자녀가 여자일 뿐 아니라 '훌륭한 엄마'로, 남자일 뿐 아니라 '훌륭한 아빠'로 정체성을 확립하고 성장할 수 있도록 도와주어야 한다. 즉, '좋은 아빠' 혹은 '좋은 엄마'가 될 조건을 두루 갖춘 온전한 소년, 소녀임을 알려 주라는 것이다.

"○○(아)야, 너는 엄마의 X염색체와 아빠의 Y염색체를 물려받아서 온전한 남자로 태어났어. 너는 아빠로서 좋은 점을 가졌을 뿐만 아니라 피아노 연주나 인형 옷 갈아입히기 놀이까지도 잘하는구나. 딸과도 잘 놀아 주는 다정한 아빠가 될 것 같아. 자상하고 섬세한 남자는 훌륭한 아빠가 될 수 있단다."

이처럼 타고난 성별에 대한 인지를 도와주어야 한다. 만일 야외 활동 부족으로 남자 친구들을 접할 기회가 적다면 "○○(이)는 훌륭한 아빠가 될 테니까 아마 아들딸들과 축구도 잘할 거야. 같이 나가서 축구 해 볼까?"라며 따뜻하게 격려해 주면 좋다.

딸에게도 마찬가지다. "○○(아)야, 너는 엄마의 X염색체와 아빠의 X염색체를 물려받아서 온전한 여자로 태어났어. 너는 엄마로서 좋은 점을 가졌을 뿐만 아니라 축구와 외발자전거 타기도 잘하니 정말 훌륭한 엄마가 될 것 같아. 씩씩함은 훌륭한 엄마가 되기 위한 조건이란다." 만일 딸이 여자 친구들을 접할 기회가 많지 않다면, "○○(이)는 훌륭한 엄마가 될 테니까 아마 아들딸들과 아기자기한 놀이를 하며 놀아 줄 수 있을 거야." 하고 격려해 주어야 한다.

2장.
건강한 성가치관 세워 가기

우리 아이가 후회 없는 청소년기를 보내려면
어떻게 해야 할까요?

성적 자기 결정권

'성적 자기 결정권'이란 개인에게 부여되는 성적인 행복추구권이자 권리를 의미하는 용어다. 성적 자기 결정권은 헌법 제10조의 행복추구권 조항을 근거로 인정되는 '자기 결정권'에 포함되는 권리로서, 이에 따라 어느 누구의 성적 자기 결정권도 침해되어서는 안 되기에 성교육 현장에서 타인의 성적 자기 결정권을 침해하는 행위, 즉 성폭력 예방 교육 시 자주 등장하는 단어다.

'성적 자기 결정권'은 적극적으로는 자신이 원하는 성생활을 스스로 결정하고, 소극적으로는 원하지 않는 사람과의 성행위를 거부할 수 있는 권리를 의미한다고 통상적으로 인식되는 용어다. 헌법재판소의 판례는 성적 자기 결정권을 '각인 스스로 선택한 인생관 등을 바탕으로 사회공동체 안에서 각자가 독자적으로 성적 관념을 확립하고, 이에 따라 사생활의 영역에서 스스로 내린 성적 결정에 따라 자기 책임하에 상대방을 선택하고 성관계를 가질 권리를 의미하는 것'으로 정의한 바 있다.[1]

성적 자기 결정권의 바른 이해는 서로 간의 '동의' 없이, 즉 성적 자기 결정권이 존중받지 못한 상황에서 이루어지는 성적 행동은 상대방은 물론 자신의 심신에 돌이킬 수 없는 피해를 끼치므로 보호받아야 한다는 것이다. 그러나 여기서 말하는 '동의'는 반드시 자유로운 선택권 및 충분한 판단력 가지고 있는 사람 간에 기초해야 하며, 음주나 약물에 취한 상태 혹은 미성년자의제강간 연령에 해당하는 16세 미만은 합법적인 동의가 아니다.

성적 자기 결정권이라는 단어가 아이들에게 전달될 때 자칫 과잉 해석되거나 적용되어 청소년 간에 성적 자기 결정권을 침해하지 않는 범위 내에서 합의하에 하는 성적인 행동, 피임과 성병만 조심하면 괜찮다는 식의 논리로 비약되지 않도록 주의해야 한다. 아무리 성적 자기 결정권에 따라 성관계를 했다 하더라도 십 대의 성행위는 우울, 낮은 행복감, 자살 충동의 증가 등 부정적인 정신 결과로 연결되는 경우가 많기에 청소년의 성적 관심을 긍정적인 방향으로 전환시키는 것이 필요하다고 보는 연구 결과[2] 등을 참조한다면 성교육 시간에 성적 자기 결정권 만능주의 교육, 즉 상호 존중하에 하는 성적 행위는 문제 될 것이 전혀 없다는 뉘앙스의 교육이 되지 않도록 주의해야 할 것이다.

또한 신체에 온전한 소유권(bodily integrity)을 가진 내가 내린 성적인 어떤 결정에 대해서는 그 누구도 절대로 관여하거나 개입할 수 없다는 식으로 성적 자기 결정권에 대해 오인하는 경우가 있다. 그러나 이것은 성적 자기 결정권에 대한 잘못된 해석이다.

가끔 "나의 생식기를 제거하든 말든, 화학 호르몬 주사를 맞든 말든 모두 나의 성적 자기 결정권 아니냐?"라고 말하는 십 대 자녀와 다투느라 힘들어하는 양육자를 상담하다 보면, 성적 자기 결정권이라는 용어를 오해하거나 오용하여 잘못 행해진 성교육의 결과물이 아닌가 하는 마음에 안타까움을 금할 수 없다. 성적 자기 결정권이라는 단어가 오남용되지 않도록 성교육 현장에서 각별한 주의가 필요하다.

1 성적 자기 결정권에 따른 십 대의 연애, 그리고 성적인 관계

> 우정과 다른 십 대의 연애는 성적인 매력에 기반한 만남이기에 성적인 관계로 이어질 우려가 있다. 그러나 십 대는 아직 결혼을 전제로 한 연애를 하기 어렵기 때문에 연애보다 우정을 통해 인간관계의 기술을 익히는 것이 유익하다고 권해 주어야 한다.

남자로서 그리고 여자로서 2차 성징을 겪으며 각 성별에 따른 신체적 변화와 특징이 아름답게 때로는 낯설게 다가오는 십 대 때, 마음에 드는 이성과 연애를 시작하는 것에 대해 양육자들이 어떤 태도와 방향성을 가져야 할지 종종 질문해 온다.

양육자들은 연애와 우정이 다르다는 것을 알고 있기에 막상 연애를 시작하는 자녀를 보면 불안이 시작된다고 호소한다. 그것이 근거 없는 불안이 아님을 알 수 있는 몇 가지 자료들이 있다.

국립국어원은 연애를 '성적인 매력에 이끌려 서로 좋아하여 사귐'이라고 정의하고 있다. 즉, 이는 우정과는 전혀 다른 측면의 이성 관계로 자매애, 형제애, 우정과는 달리 성적(sexual)인 매력에 기반한 만남과 사귐이다. 그러므로 어쩔 수 없이 성적 대상화 및 그로 말미암은 관련 행위가 수반되기 쉬운 사이가 되는 것이다.

아동 발달과 관련된 국제 학술지 중 "장기적으로 본 낭만적 삶의 만족도 예측 요인으로서의 청소년 또래 관계"라는 보고서가 있다.[3] 2019년 미국 버지니아 대학교 연구진에 의해 작성된 이 보고서에 따르면, 청소년 시절 이성 간의 연애에 시간을 보낸 청소년보다 동성 친구와의 우정에 시간을 투자한 청소년이 성인이 되었을 때 더 성공적인 이성 교제 관계(romantic life) 등 다양한 측면에서 인간관계를 더 잘 맺는다고 한다. 즉, 결혼할 수 없는 시기인 청소년기를 연애로 보낸 청소년보다 같은 성별의 친구와 우정 어린 관계를 유지하며 쌓는 인간관계의 기술(social development task), 곧 안정감, 친밀감, 소통 능력 등을 충분히 자산으로 확보하는 것이 중요하다고 결론을 내린 것이다. 이 시기가 성년 이후 결혼을 위한 남녀의 교제를 건강하게 이끄는 밑거름이 됨을 알 수 있다. 이 보고서는 13세 청소년 165명이 20대 후반의 성년이 될 때까지 관찰하며 인터뷰한 결과다. 친구와 연애 관계에 관한 당사자의 진술은 물론 친구들의 평가를 참고했으며, 연구 참가자들이 20대 후반이 되었을 때 매년 본인이 진행 중인 남녀 간 이성 교제의 만족도에 관해 인터뷰하는 방식으로 진행되었다. 친구에 대한 긍정적인 기대를 형성하고, 적절하게 자기주장을 펼 줄 알며, 깊은 우정을 나눌 수 있는 친구를 사귀면서도 관계의 폭을 넓힐 줄 아는 아이, 그리고 그 우정을 지속해서 유지하는 아이들이 어른이 되었을 때 남녀 이성 교제와 결혼 기대에 대해서도 만족감을 표현했다. 이런 요소는 청소년기의 데이트 빈도, 성관계 여부, 외모 등의 변수보다 성인이 되었을 때 이성 관계에 대한 미래의 만족도에 미치는 영향이 훨씬 컸다. 해당 논문은 "10대에겐 사랑보다 우정이 중요"라는 제목으로 국내에서 기사화되기도 했다.

2 십 대 연애의 어려움

> 연애를 시작한 청소년들이 겪는 어려움, 즉 성적인 친밀감을 표현하는 스킨십 등에 대해 이미 많은 학자가 논한 바 있다.

첫째, 성적인 위험에 대한 것이다. 청소년은 발달 특성상 성적인 욕구와 충동, 호기심이 뚜렷이 나타나지만, 그에 비해 인내심과 절제, 정신화(mentalization)는 성인에 비해 부족하다는 특징을 보인다. 또한 청소년기는 2차 성징이 신체적으로 뚜렷하게 나타나는 시기다. 즉, 연인끼리 2차 성징이 뚜렷해짐을 확인하는 성장기를 같이 보내게 되는 것이다. 남성 호르몬인 테스토스테론은 성적 충동과 관련된 호르몬으로, 일명 '성욕 호르몬'이라고 불린다. 남학생의 경우 테스토스테론의 혈중 농도가 여학생보다 10배나 높기 때문에 이성 관계에서 성적인 부분에 대해 성숙하게 협상한다는 것이 어렵다. 청소년들에게 성적인 부분이 어려움으로 다가오는 데는 이러한 심리적 원인 및 생물학적 원인이 복합적으로 작용하고 있다.

미국정신과학회는 청소년기의 성관계는 원하지 않은 임신이나 성적 질병을 유발할 위험이 크다고 보고 있다. 2009년 콜린스(Andrew W. Collins) 박사 팀의 보고서[4]에는 미성년자의 성적 행위들은 우울증, 폭력, 약물 남용, 가정의 불화, 낮은 성적 등 많은 부정적인 행동들과 연관성이 높다는 연구 결과들이 소개되어 있다.

둘째, 청소년들은 연애가 끝났을 때 효과적으로 대응하지 못한다. 미성년자의 이성 교제 경험에서 가장 부정적인 정서를 유발하는 것은 바로 연애의 끝, 곧 헤어짐인 경우가 많은 것으로 조사됐다. "청소년기의 사건 및 우울증 : 주요 우울 장애의 첫 발생에 대한 잠재적 위험 요소로서의 관계 상실"이라는 논문[5]에서 몬로우(Scott Monroe) 박사팀은 "헤어짐은 청소년의 우울과 자살 시도의 가장 큰 예측 요인 중 하나"라고 주장했다. 청소년 시절의 이성 교제는 결혼으로 연결되는 경우가 확률적으로 낮다. 보통 청소년기에 그 관계가 끝나지만, 청소년들이 이러한 상실감에 효과적으로 대응하지 못한다는 것이다. 따라서 청소년이 이성 교제를 하는 기간, 무엇보다 이성 교제가 끝난 후에 그 슬픔을 이겨 내기 위해서는 엄청난 정서적인 지지가 필요하며, 이를 심각하게 받아들일 필요가 있다. 아무리 서로에 대한 확신과 사랑을 약속한다 해도 만 18세가 아니기에 당장 결혼하여 당당한 부부가 될 수 없고, 그러다가 여러 이유로 결국 헤어지게 되면 견디기 힘든 상실감을 갖게 되기도 한다. 셋째, 연애 도중 자칫 성 경험으로 연결되는 경우 겪게 되는 부정적인 심리·정서적 문제들에 대한 우려가 있다. 미끄럼틀 위에 공을 올려 두면 만유인력의 법칙으로 인해 저절로 아래로 굴러가듯, 성적인 충동 역시 연애 도중 만유인력의 법칙처럼 자연스럽게 더 깊은 관계를 원하는 쪽으로 흐르기 십상이다. 십 대는 통상 조절 및 통제의 뇌라고 불리는 전두엽의 성장이 진행 중이기에 뇌가 미성숙한 상황이다. 반면 충동의 뇌라고 불리는 변연계는 활발히 움직인다. 그래서 충동으로 성관계를 하게 되었다가 때로는 낙태로 연결되기도 한다. 그러므로 미성년자에게 "뽀뽀까지는 괜찮아.", "손잡는 것까지는 괜찮아.", "껴안는 것까지는 괜찮아."라고 현실성 없는 연애 가이드라인을 주며 연애를 부추기기보다는 오히려 우정을 쌓을 것을 권해 주어 청소년기 발달과업을 잘 성취하도록 돕는 것이 중요하다.

3 건강한 성가치관 교육의 방향

> 아이들이 절제력을 함양시킬 수 있도록 도와주는 교육은 아이들의 건강한 성장을 효과적으로 돕는다.

한국 전체 청소년의 첫 성관계 경험 연령이 평균 13.6세라는데 연애가 무슨 문제가 되겠냐며 청소년 연애를 적극 추천하는 성교육자들도 있다. 그러나 이는 통계를 잘못 인용한 것이다. 질병관리청 "제14차(2018년) 청소년건강행태조사" 보고서[6]에 따르면 한국 청소년 중 약 5.7%가 성관계를 경험했다고 익명으로 조사되었고, 94.3%는 성관계를 경험하지 않았다고 답했다. 5.7% 에 해당하는 응답자의 첫 성 경험 연령이 평균 13.6세였던 것이다. 이를 오도하여 마치 우리나라 전체 청소년이 평균 13세에 성관계를 하니까 십 대가 연애하는 것은 아무것도 아니며, 심지어 십 대끼리 합의하에 성관계하는 것은 괜찮다며 성적인 충동을 부추기는 분위기를 학교나 가정이 조성하지 않도록 주의해야 한다.

지킬 것은 지키자는 성교육, 즉 성도덕과 결혼의 소중함을 가르치는 교육이 정말 효과 없는 구시대의 진부한 교육인 걸까? 성교육 현장에서 십 대는 아예 절제 및 자기 조절 능력을 상실한 존재로 치부되어야 하는 걸까? 그들에게 콘돔과 피임약을 청소년 성 문제의 해결책으로 제시하는 게 유일한 답일까?

미국 헤리티지 재단의 보고서[7]는 그렇게 말하지 않는다. "절제력을 함양하는 교육의 효과에 대한 증거"라는 보고서에 따르면 전인적인 절제력과 자기 조절 능력을 고취하는 성교육은 신체·정신적 웰빙 및 청소년이 미래 목표를 달성하는 데 필요하다고 주장한다. '성적인 충동에 마냥 끌려다니지 않도록 절제력을 함양하고, 지킬 것은 지키자'는 취지의 건강한 성교육이 젊은이들에게 필요하다는 것이다. 또 십 대 때부터 활발한 성행위를 하면 이는 건강상 심각한 문제를 발생시키거나 정신·정서적 웰빙을 감소시키며, 낮은 학업 성취도, 혼외 출산 등을 초래하는 경향이 높다고 밝히고 있다.

흥미롭게도 이 보고서는 프리섹스를 조장하는 외설적 성교육에 대항하는 총 22가지의 절제력 함양 성교육 프로그램들의 효과를 다룬다. 이들 22개 프로그램 중 17개에서 십 대가 충동적으로 성교를 시작하는 시점이 지연되고,

조기 성행위가 감소하는 긍정적 결과가 있었다고 보고했다. 예를 들어 '앱스티넌스 온리 인터벤션'(2010년) 교육을 받은 학생의 3분의 1이 다른 학생들에 비해 성관계 시작 연령이 늦춰지는 효과가 나타났다.[8] 5개 공립학교에서는 '리즌 오브 하트'(2008년)라는 절제력 함양 성교육 후 1년 뒤 해당 교육을 받은 학생의 9.2%가 성관계를 시작했지만, 교육받지 않은 학생은 16.4%가 혼외 성관계를 시작했다고 보고했다. '헤리티지 키퍼스' 교육 프로그램을 받은 중고생은 1년 뒤 시행한 조사 결과 14.5%가 성관계를 시작했지만, 교육을 받지 않은 학생은 26.5%가 성관계를 시작했다고 보고했다. 이는 거의 두 배 가까운 수치다.[9] 미국 중서부의 5개 도시 중학교에서 진행된 '지킬 것은 지키자'(2005년) 교육은 인성 함양과 절제의 이점을 알리는 성교육 프로그램이었다. 이 교육을 받은 학생 역시 혼외 성관계 감소, 성관계 파트너 감소라는 경향을 보였다.[10] 뉴욕 먼로 카운티에서 진행된 10대 성교육 프로그램 "나는 아직 성관계할 나이가 아닙니다"(Not Me, Not Now)는 라디오·TV 광고, 부모·학생 교육 등 캠페인으로 진행됐다. 그 기간 15세의 성행위 비율이 46.6%에서 31.6%로 떨어졌고, 15~17세 소녀의 임신율은 1,000명당 63.4명에서 49.5명으로 낮아지는 효과가 나타났다.[11] 아칸소 주의 20개 학교에서 시행된 "앱스티넌스 바이 초이스"(2001년) 교육 역시 비슷한 결과를 보였다.[12]
헤리티지 재단은 미국 부모의 80%가 학교에서 자녀에게 성관계 할 권리 및 피임을 강조하는 '세이프 섹스'(safe sex) 교육보다는 절제력을 함양하는 성교육을 시행하기 원한다고 밝혔다. 절제력 함양의 이점을 배울 필요가 있는 십 대들이 절제의 이점을 전혀 듣지 못하게 가로막는 성교육 현실을 지적하며 "십 대의 성행위는 본인과 사회에 값비싼 대가를 치르게 한다."라고 했다.[13]
제11차 청소년 건강행태 온라인 조사 자료를 토대로 발표된 논문 "한국 남녀 청소년의 정신건강과 영향 요인-이성과의 성 경험을 중심으로"에는 "성 경험이 있는 남녀 청소년이 성 경험이 없는 청소년에 비해 스트레스 수준이나 우울감과 자살 생각이 높은 반면, 행복감은 낮았다. 또한 개인, 가족, 학교 요인을 통제한 후에도 남자 청소년은 스트레스와 우울감, 자살 생각이 높았고 행복감은 낮았으며, 여자 청소년은 우울감과 자살 생각이 높았고 주관적 행복감은 낮았다."고 보고하고 있다. 또한 해당 보고서는 "이와 같이 청소년기의 성 경험과 부정적인 정신건강 결과와의 관련성을 고려할 때, 청소년의 성적 관심을 긍정적인 방향으로 전환시켜 주는 것이 필요하다."라고 결론 내렸다. 2018년 한국간호과학회 정신간호학회지에 발표된 학술 논문 "성관계 경험이 있는 여자 청소년의 성 행태 및 정서적 상태가 자살 사고에 미치는 영향"에 따르면 성관계를 경험한 청소년의 첫 성행위 시점은 초등학교 재학 이상인 경우가 31.9%였고, 임신과 성매개 질환을 경험한 경우는 각각 8.1%, 10.7%였다. 부정적인 정서 상태(높은 스트레스 51.7%, 불행감 17.8%, 우울감 9.8%)와 실질적인 자살 관련 경험(자살 생각 33.6%, 자살 계획 16.6%, 자살 시도 13.2%)도 보고하였다.[14] 2015년에 발표된 같은 학회지의 "청소년 성관계 경험이 자살행위에 미치는 영향"에서도 "청소년의 성관계 경험은 자살 생각, 자살 계획, 자살 시도로 인한 병원 치료 경험 등 자살행위의 위험성을 높이는 것으로 나타났다. 청소년의 성관계가 이루어지는 맥락과 관련하여 일회적 성관계를 경험했을 때보다 낭만적인 관계에서 성관계가 이루어졌을 때 더 높은 자살행위 위험을 보였다."라고 보고했다.[15] 한편, 우울감이나 자살 생각이 높을 때 성 경험률이 증가한다는 보고도 있는데,[16] 이러한 연구자료들을 종합하자면 우울과 성 경험은 서로 부정적인 영향을 주고 있음을 알 수 있다.

발정기가 있는 대부분의 동물들은 교미, 즉 성관계가 그 발정기에 의해 좌우되는 측면이 크다. 그러나 인간은 발정기가 없다. 인간에게는 성적인 욕구를 절제하고 통제하고 승화(sublimation)시킬 수 있는 능력이 있으며, 이 능력을 무시하고 본능에 따라 자신 또는 타인에게 해를 입히는 방식으로 성적인 욕구를 해소시키는 것은 개인과 사회에 큰 문제가 된다. 식욕, 수면욕, 성욕 모두 인간의 기본적인 욕구이지만, 이것을 때와 장소에 따라 조절하고 통제할 수 있을 때 인간의 존엄함은 더욱 빛을 발하게 되며 정신·육체적으로 건강하고 통합적인 사회 구성원으로 성장하게 한다. 욕구대로 끌려다니는 욕구의 노예가 되는 것이 아니라 이러한 욕구를 잘 조절할 수 있는 자주적이고 내적 리더십이 든든한 아이로 키우는 것은 청소년기 발달과업의 성취를 위해서도 매우 중요하다. 그러므로 양육자들은 자녀들이 십 대 때 성적인 행위를 하도록 부추기는 교육, 성적 자기 결정권이라는 개념의 남용으로 '합의한 상대방과는 원치 않는 성병과 피임만 조심한다면 성관계를 가져도 아무 문제 없다.'는 식으로 아이들에게 각인시키는 뉘앙스의 교육은 위험할 수 있음을 전제하고, 신중하게 성교육의 방향성을 잡아 가야 할 것이다.

또한 이러한 교육을 실시했을 때 아이들이 "난 이미 성관계를 했는데 어떡하지?"라며 좌절감이나 더 깊은 우울로 빠지지 않도록 도와주어야 한다. 필자는 "활주로 교육"이라고 칭하는 방법을 사용하여 앞으로의 나날들이 더 중요함을 언급한다. 성 경험을 가진 이후 겪게 되는 우울한 기분, 자책감 등으로 말미암아 소위 바닥을 치는 듯한 감정에 빠진 아이들에게 양육자가 해 주어야 할 말은 "지금 너는 바닥에 있는 게 아니야. 활주로에 있는 비행기처럼 날아오를 준비를 하는 거야."라는 독려이다. (본문 74쪽 참고)

④ 원하는 성별이 되고자 성전환 수술을 받는 것이 성적 자기 결정권?

성전환 수술은 신체적인 부작용뿐만 아니라 정신적인 부작용을 일으킨다. 그리고 무엇보다 성전환 수술을 한다고 해서 완전히 성별을 바꿀 수 있는 것이 아니며, 성전환 수술 이후 원래대로 돌이키는 것 또한 어렵다.

타고난 성별을 바꾸려는 사람들은 성전환 수술 역시 성적 자기 결정권의 범주로 포함시켜 생각하기도 한다.

여자가 되기를 바라는 남자는 고환 적출 수술, 음경 제거 수술, 가슴 성형, 성대 주변 조직 수술을 통한 목소리 교정 수술, 목젖 뼈를 제거하는 수술, 기타 여성적인 얼굴형을 갖기 위한 수술 등을 권유받게 된다. 그런데 이러한 수술 중 생식기 수술은 일종의 신체 부위 절단 수술에 해당될 뿐 아니라 영구 불임이라는 장애를 낳게 된다고 의료진들은 경고한다.

남자가 되기를 바라는 여자 역시 난소와 자궁 적출 수술, 유방 제거 수술, 요도 수술, 음경과 유사한 신체 조직을 만드는 성형수술 등 여러 가지 수술을 권유받는다. 그러나 이러한 수술이 36조 개의 세포핵마다 존재하는 여성으로서의 성염색체, 즉 XX염색체를 XY염색체로 바꾸지는 못한다.

신체적 부작용보다 더 무서운 것은 바로 정신적 부작용이다. 데인(Dhejne) 등의 연구 "성전환 수술을 받은 성전환자에 대한 장기 추적 조사 : 스웨덴의 코호트 연구"[17]에서는 성전환 수술을 받은 사람들 324명의 삶을 30년간 연구해서 발표했다. 그런데 위험을 불사하고 성전환을 위한 수술과 호르몬 요법을 하여 원하는 바를 성취해 행복해질 것처럼 보였지만, 그 결과는 오히려 정반대로 드러났다. 일반인보다 자살률이 무려 19.1배나 높았기 때문이다. 특히 여자가 되고 싶어서 성전환 수술을 한 남자들의 자살률이 높았다. 그리고 정신병원에 입원하는 비율이 일반인보다 2.8배나 높았다. 범죄율도 일반인보다 높았는데, 특히 남자가 되고 싶어서 남성 호르몬을 주입하고 여성 호르몬의 원천인 난소를 제거한 여자들에 의한 폭력 범죄가 큰 비율을 차지했다.

존스 홉킨스 의대 정신과의 전 주임교수인 폴 맥휴(Paul R. McHugh) 박사는 성전환 수술에 대해 "성전환 시술은 비만에 대한 공포를 가진 섭식장애 환자를 지방 흡입으로 치료하는 것과 같다."라고 말하며, 진지한 정신·의학적 고려 없이 성전환 수술을 하는 것에 대해 깊은 우려를 표했다.[18]

그럼에도 불구하고 전 세계적으로 성별을 바꾸는 수술과 호르몬 요법을 선택하는 것을 일종의 다양성 내지는 인권을 존중하는 것이라고 여기는 교육이 증가하고 있다. 이로 인해 2차 성징이 오기 전에 성전환을 시작하는 경우가 증가하고 있으며, 성전환을 원하는 아이에게 좀 더 신중하게 결정하라고 조언하는 것조차 어려운 상황이 되고 있다.

사례 1

S 씨(55)는 2004년 여성이 되기를 원해 성전환 수술을 받았다. 한 가정의 남편이자 아빠인 S 씨가 여자가 되겠다고 하자 가족들은 이를 받아들이기 어려워했고, 결국 S 씨는 가족과 이별하게 되었다. 가족과의 이별은 누구에게나 마음 아픈 일이지만 S 씨는 성별 바꾸기를 간절히 원했기에 가족을 포기하고 여자로서 살기 위해 수술을 선택했다. 그러나 결국 S 씨는 2008년 한 방송에 출연해서 성전환 한 것을 후회한다며, 다시 가족에게 돌아가고 싶다는 말과 원래대로 돌이키기 위한 복원 수술을 희망한다고 밝혔다. 하지만 마음을 돌이켜 타고난 원래 상태로 되돌아가려고 해도 성전환 수술, 즉 생식기 제거 등 비가역적 수술을 받은 후라 성전환 이전의 신체 상태로 온전히 돌아갈 수 없었다.

사례 2[19]

월트 헤이어 씨는 남자로 태어나 사랑하는 아내와 가정을 이루어 자녀를 낳고 살던 중, 가족들에게 성전환을 하겠다고 알렸다. 그는 가족을 떠나 수년간 여성이 되고자 각종 수술과 호르몬 요법 등을 받았지만, 결국 8년 만에 성전환 결정을 후회하고 가정으로 돌아가고 싶다고 했다. 그러나 가족들은 그가 어떤 만류에도 자신의 주장을 굽히지 않는 가장이었다며, 헤이어 씨를 다시 받아들일 수 없다고 했다. 이후 그는 자신의 처지를 세상에 알리며, 성전환 수술을 한 십 대들이나 부모들로부터 도움을 요청하는 편지를 받으며 지낸다고 한다.

사례 3[20]

제이미 슈프는 남자인 자신의 성별에 대해 불쾌감을 느껴 여자로 성전환 수술을 했으

> 나 여전히 자신의 성별에 대한 불쾌감을 가지게 되었고, 결국 남자도 여자도 자신의 성별로 부적합하다며 제3의 성인 논바이너리(non-binary)로 성별 정정 신청을 했다. 세계 최초로 남자도 여자도 아닌 성별로 등록되어 세상을 떠들썩하게 만든 주인공이 된 것이다. 그러나 그는 결국 자신은 남자로서 아무런 신체적 문제가 없었으며, 성별을 바꾸고자 했던 자신의 상태는 정신과 치료를 받았어야 했지 몸을 다른 성별로 바꾸는 일이 아니었다며 자신이 겪은 여러 차례의 성전환 과정에서 바른 충고나 지도를 해주지 않았던 의료인, 법조인, 상담가 등을 맹비난했다.

> **사례 4**
> 미국의 안과의사이자 작가, 전직 테니스 선수인 A 씨는 자신의 성전환 수술을 후회한다며 성전환 수술에 관해 질문하는 편지를 받으면 그들에게 절대 수술하지 말라고 말린다는 내용의 인터뷰를 했다.

> **사례 5**[21]
> 재즈 제닝스는 건강한 소년이었지만 5세라는 어린 나이에 여자가 되고 싶다고 부모에게 말해 성전환 수술을 받았다. 그는 인터넷 홈페이지와 여러 SNS를 통해 많은 팔로워들을 확보하고 있고, 스무 살이 넘은 지금까지도 여전히 보정 수술과 호르몬 요법을 받고 있다.

⑤ 십 대들의 성전환 호르몬 요법이 더 위험한 이유

> 십 대에 하는 성전환 호르몬 시술은 부작용이 매우 크다. 성인의 성전환과는 달리 2차 성징 발현 억제제를 동시에 투여하면서 교차 성호르몬을 투여하기 때문이다. 이로 인해 자연적이고 건강한 신체 변화를 차단하는 과정에서 여러 가지 고통스러운 질병이 발생하게 된다.

여자가 되길 원하는 남자 청소년들은 사춘기 억제 호르몬 및 여성 호르몬 등을 신체에 주입하는 과정을 겪게 된다. 이런 화학 요법은 혈액 응고에 문제를 일으켜서 과다 출혈의 위험을 높이거나, 고혈압 등의 심혈관 장애를 유발하고, 남자임에도 불구하고 유방암의 위험이 높아지기도 하며, 구토나 편두통, 우울증, 식욕 감퇴 혹은 폭식, 당뇨병, 담석증, 간기능 저하에 따른 간 수치 증가, 체중 증가, 중성지방 증가, 프로락틴 증가 등 여러 가지 부작용을 일으킨다. 특히 정상적인 남성 호르몬의 혈중 농도가 떨어지다 보니 남성 호르몬의 고유 기능 중 하나인 우울감 해소의 기능이 급격히 사라져 심각한 우울증과 감정 기복, 나아가 자살 충동에 시달리기도 한다. 우울증에 결정적인 영향을 주는 호르몬은 세로토닌뿐 아니라 남성 호르몬도 포함되기 때문이다. 문제는 이 부작용을 다 겪는데도 세포핵마다 있는 남성 성염색체, 즉 XY 염색체는 절대로 변하지 않는다는 것이다.

남자가 되길 원하는 여자 청소년의 경우에는 고지혈증, 고혈압 등 각종 심혈관 장애, 간독성, 당뇨병 유발, 여드름 등 피부 트러블, 탈모, 유방·자궁 내막·난소 조직의 변성, 혈중 중성지방 증가 등 많은 부작용에 시달리게 된다. 실제로 성전환 수술자들의 사망률은 일반인보다 2.8배나 높았다.

통상 성전환자는 모두 60세까지 호르몬 주사를 맞아야 하는데, 처음 호르몬 주사를 맞을 때는 한 주에 1대, 수술 후에는 2~3주에 1대, 40대가 되면 60세까지 한 달에 1대를 맞아야 한다. 호르몬 요법은 단기간에 끝나지 않고 신체의 자연스럽고 아름다운 변화를 끊임없이 억제하기 위해 계속되어야 하는 의료 행위이기 때문에 이를 반대하는 의료진들이 많다.

> 건강하고 정상적인 십 대 소녀였던 시드니 라이트(Sydney Wright)는 성전환을 위한 테스토스테론 호르몬 요법 이후 찾아온 부작용으로 엄청난 고통을 겪고 있다. 그녀는 십 대 여자로서 자연스럽게 2차 성징을 겪으며 성장할 수 있도록 도움을 받았어야 했지만 그 반대 상황이 되었다.[22] 그 뒤에 AB329법[23]이 있었기 때문이다. AB329법은

공교육이 결혼, 연애 등 삶의 영역에 관해서 교육할 때, 모든 성적 지향(이성애, 동성애, 양성애)과 모든 성별 정체성(성전환 등)을 인정하도록 의무화하는 법이다. 그러므로 교사나 상담사가 성전환을 원하는 시드니의 결정을 제지하기 위해 상담을 했다가는 고발당할 수 있으며, 바르게 알려 줄 수도 없다. 캘리포니아 교사노조 등의 시스템이 시드니의 잘못된 선택을 그대로 밀어붙이게 하는 동력을 제공한 것이다.

그 결과 시드니는 비참한 결과를 맞았다. 남성 호르몬인 테스토스테론을 과량으로 주입해 내분비계 전반에 교란이 나타났다. 체중이 25㎏이나 증가하고 심혈관계 질환이 찾아왔다. 당뇨 환자라는 진단을 받기 직전의 상태까지 신체의 산화가 급격히 진행되었으며, 십 대 폐경이라는 엄청난 상실을 겪었다. 교차 성호르몬의 부작용은 이외에도 수십 가지에 달한다. 이처럼 성전환 수술 환자가 많은 영국에서는 성전환을 후회하며 "원래 성별로 돌아가고 싶다."라고 외치는 이들이 증가하고 있다.[24]

6 화장실에서 일어난 사건

해외에서 일어난 사건들을 보면, 타고난 성별보다 개인이 느끼는 성별 정체성이 더 중요하다는 주장에 대해 받아들이기 어렵다.

자신의 성별이 여자라고 주장하는 미국 와이오밍 주의 미겔이라는 남성이 있었다. 그는 소위 성소수자의 정체성을 차별하지 말라는 와이오밍 주의 차별금지법을 앞세워 여자 화장실을 사용하기 시작했다. 그는 자신이 남자가 아니라 여성이라고 일관성 있게 주장했으며, 남성의 성기가 자신에게 있고 없음은 별로 중요하지 않다고 덧붙였다. 그러나 그가 여자 화장실에서 10세 여아를 성폭행한 사건이 발생하고 말았다.[25]

조지아 주에서도 트랜스젠더라며 여자 화장실에 드나들던 남성이 5세 여아를 성추행한 사건이 있었다.[26] 그뿐만 아니라 영국 스코틀랜드에서도 자신이 여자라고 주장하던 케이티라는 남성이 여자 화장실에서 10세 여아를 성폭행했다.[27] 그러나 성소수자에게 관대할 것을 강요하는 영국의 분위기 때문에 그는 어떤 처벌도 받지 않고 거리를 활보하게 되었다. 그는 이와 비슷한 범죄를 몇 번 더 시도했지만, 그때마다 매번 보호받았다.

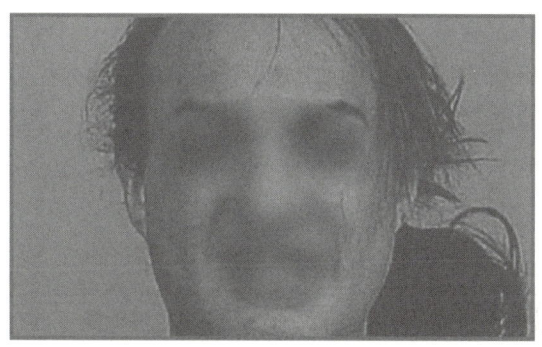

<여자 화장실에서 10세 여아를 성폭행한 트랜스젠더 미겔>

7 생물학적 남성과 여성이 겨루는 스포츠, 과연 공정한가?

최근 스포츠 경기에서 생물학적 남성이 여성의 경기에 참전하는 사례가 발생하고 있다.

> 사례 1

미국 코네티컷 주에서 고등학생 트랜스젠더 선수가 육상선수권대회에서 우승했다. 생물학적으로 남자이지만, 타고난 성별보다 본인이 주장하는 성별 정체성을 중시하는 미국 코네티컷 주의 방침으로 인해 대회 출전이 가능했던 것이다. 그가 메달을 싹쓸이한 경기는 100m와 200m '여자' 육상경기였다. 그와 나머지 여자 선수들이 출발선에 서 있을 때 이미 많은 사람들은 그 경기의 결과를 예상했다고 한다.[28]

"남자 선수들을 이기지 못하는 불공평한 경기임을 알고 경기를 시작한다는 게 너무나 절망적입니다. 육상은 제 삶의 전부입니다. 저는 매일 학업을 마치고 트랙에서 달렸어요. 그런데 남자 경기에 출전했을 때는 별 볼 일 없는 성적을 거뒀던 그가, 여자로서 정체성을 느낀다며 여자 대회에 와서는 모든 출전자를 제쳤어요." 결국, 강력한 우승 후보였던 셀리나는 뉴잉글랜드 챔피언십 출전권을 얻지 못하고 관중석에 앉아 대회를 구경해야만 했다.

코네티컷 주 여자 육상경기에서 두 명의 트랜스젠더 선수가 우승을 휩쓴 뒤 경기의 부당함을 알리는 탄원서가 돌기도 했다. 무엇보다 공정한 경기를 바라며 연습했던 많은 여자 선수, 특히 유력 우승 후보였던 셀리나는 박탈감이 컸다고 한다. 결국, 그 두 명의 트랜스젠더 선수 때문에 다른 여자 선수들은 1등과 2등을 포기한 채 3등을 차지하기 위해 치열하게 경쟁하는 어이없는 상황이 연출됐다. 셀리나는 목이 잠긴 상태로 "생물학적으로 여성인 선수가 트랜스젠더 선수를 이긴다는 것은 상상할 수 없다."며 공정하지 못한 스포츠가 과연 스포츠라 할 수 있을지 의문을 제기했다.

> 사례 2

미국의 이종격투기 UFC 여자 밴텀급 챔피언인 론다 로지가 트랜스젠더 선수인 팰른 팍스와 경기를 하지 않겠다고 선언하는 상황이 벌어졌다. 팰른 팍스는 생물학적으로 남자이지만 성전환 수술을 받은 이후 여자 대회에서 승승장구하고 있다. 그는 여성 선수에게 안와골절상을 입힐 만큼 강력한 펀치와 무릎 차기로 공포감을 조성하기도 했다.[29] 론다는 인터뷰에서 "남성이 사춘기를 거치면 결코 돌이킬 수 없는 것이 있다. 남자의 뼈 구조 같은 것"이라며 "팰른 팍스가 불공정한 혜택을 누리고 있다고 생각한다."며 그와 경기를 펼치지 않겠다고 선언했다.

> **사례 3**
>
> 2017년 뉴질랜드에서는 트랜스젠더를 역도 부문 국가대표 선수로 선발하기도 했다.[30] 생물학적으로 남자인 그가 여자들과 경쟁하면 그 결과는 뻔하다. 남자 대회에서 뛰어나지 않던 이들이 여자들과 경쟁하려 드는 것이 아니냐며 뒤에서 수군대는 사람도 있었으나, 성별 정체성을 우선시하는 곳에서 대놓고 저항하는 것은 어렵다고 한다.

누구도 이런 경기를 공정하다고 말할 수는 없을 것이다. 남자와 여자는 성염색체에 따라 생물학적 차이를 가지고 있다. 남자는 여자보다 근육량이 많고, 골격계가 강하며, 테스토스테론의 작용으로 집중력과 공격성이 높다. 그렇다 보니 남자와 여자가 같은 자격으로 달리기를 하거나 높이뛰기를 하는 것은 공정할 수 없다.

더 큰 문제는 이런 사건이 다른 종목에서도 일어날 수 있다는 것이다. 미국 듀크 대학교 법대 교수는 "타고난 성별이 아닌 자신이 선택한 성별대로 남자가 여자 선수들의 경기에 참가할 수 있게 된다면 여자 스포츠 경기는 더 이상 존재할 수 없다."며 강력하게 이 정책을 비난했다.

이런 황당한 상황을 고착화한 평등법은 선수들에게 큰 영향을 미칠 뿐 아니라 스포츠 정신 자체를 바꿀 수 있다. 즉, 남자가 여자 대회에 나가서 우승을 거두는 것을 막을 방법이 없다면 결과적으로 여자는 상당 부분의 스포츠를 포기해야 할지도 모른다. 특히 신체 접촉이 있는 종목의 경우 심각한 안전 문제가 발생할 수 있기 때문이다.

8 완화되고 있는 성별 정정 요건

> 전 세계 트랜스젠더 인권 단체들은 성전환 수술을 하지 않아도 성별 정정을 허용하는 입법을 꾸준히 추진하고 있다. 이는 우리나라도 예외가 아니다. 2020년, 대법원은 성

별 정정 허가 신청법을 일부 개정해 성별 정정 요건을 완화시켜 성전환 수술 없이도 성별을 정정할 수 있는 길을 열어 놓았다.

2020년 2월 21일, 한국의 대법원은 "성전환자의 성별정정허가신청사건 등 사무처리지침"을 일부 개정했다.[31] 그동안 한국에서 성별을 바꾸려면 가족관계증명서, '2명 이상'의 정신과 전문의의 진단서나 감정서, 성전환 시술 의사 명의의 소견서, '앞으로 생식 능력이 없다.'라는 전문의의 감정서, '2명 이상'의 성장환경진술서 및 인우보증서 등 5가지 서류를 필수로 제출해야 했다. 그러나 개정지침에서 '2명 이상'이라는 문구가 삭제되었다. 전문의의 감정서나 성장환경진술서는 1명으로도 충분하다는 것이다. 또한 서류들은 '필수 제출'이 아닌 '제출 가능'으로 변경되었다.[32] 참고용으로 보겠다는 말이다.

그밖에 '성전환 시술 의사 명의의 소견서를 첨부할 수 없는 경우 이유를 소명해야 한다.'와 성장환경진술서에 '신청인의 성장 시기별 이성 관계를 포함한 대인 관계에 관한 구체적인 진술이 포함되어야 한다.'라는 세부 내용도 삭제되었다. 일시적인 마음의 동요가 아니라 오랜 기간 성별 정정의 필요성이 있었음을 알 수 있는 근거자료를 보지 않겠다는 뜻이다.

성별 정체성을 이유로 차별을 금지하는 '차별금지법'이 아직 입법되지 않았음에도, 한국의 대법원이 성별 정정 요건을 대폭 완화한 것이다. 사법부가 법률이 아닌 대법원의 '사무처리지침' 개정을 통해 성별 결정 기준을 변경한 것은 입법권의 침해라는 비판이 일고 있다. 이 부분은 반드시 재개정되어야 한다.

9 인권 다양성 논리

> 인권 다양성을 주장하는 사람들의 논리는 간단하다. "성별을 원하고 느끼는 대로 바꿀 수 있다면 나이는 왜 못 바꿀까?(trans-age) 성별과 나이를 바꿀 수 있다면 인종은 왜 못 바꿀까?(trans-racial) 인종을 바꿀 수 있다면 종은 왜 못 바꿀까?(trans-species)"라는 것이다.

지구상에서 동성결혼을 가장 먼저 법으로 인정한 나라는 네덜란드다.[33] 2001년 동성 간 결혼을 인정하는 법을 통과시킨 네덜란드는 이후 성전환, 즉 트랜스젠더리즘을 급진적으로 받아들였다. 2015년에는 트랜스젠더가 된 아동의 모습을 촬영한 사진전이 열릴 정도였다.[34] 사진전을 준비한 주최 측에는 "10세도 안 된 아이들의 성전환을 인정하고 성전환에 필요한 시술과 화학 호르몬을 처방해 투약을 도왔다.", "성별을 바꿨다고 생각하는 아이들을 문화의 코드로 진열했다."라는 질타가 쏟아졌다.

생물학적 성별을 정정하는 것이 법·문화적으로 받아들여지고 그것을 격려하는 풍조가 생기자, 전혀 예상치 못한 문제가 발생하기 시작했다. 성별에 이어 나이(age)나 인종(racial), 종(species)까지 바꿔 달라는 황당한 주장들이 제기되기 시작한 것이다.

실제로 서구에서는 트랜스젠더가 일반화된 사회일수록 나이를 연령 정체성대로 바꿔 달라고 요구하거나, 인종을 인종 정체성대로 바꾸겠다는 대책 없는 트랜스 운동들이 일어나고 있다. 이러한 정책, 즉 일종의 '관용주의 정책'(tolerance policy)들이 존중과 배려, 다양성의 이름으로 오히려 역차별을 낳고 있다는 지적이 많다.

3장.
동성끼리의 성접촉, 안전한 걸까?

동성 간 연애에 대한 경험을 이야기하는
연예인들이 많아지고 있어요.
동성 간 연애나 성접촉이 안전할까요?

1 동성 간 성행위, 안전한가?

> 최근 동성 간에든 이성 간에든 합의하에 성관계를 하는 것은 성적 자기 결정권이므로 안전을 도모한다면 허용해야 한다는 주장과 그 반대의 주장이 엇갈리고 있다. 양육자로서 동성 간 성행위에 대해 세계 보건당국, 의학자들의 주장을 참조하는 것이 도움이 될 것이다.

동성애, 즉 '호모섹슈얼리티'(homosexuality)는 호모(homo, 동성)와 섹슈얼리티(sexuality, 성행위)가 합쳐진 단어로서, 동성 간의 성적인 끌림과 성적인 행위를 의미한다. 아버지가 아들을 사랑하고, 형제나 친구끼리 나누는 아가페적 우정과 사랑은 성적인 행위를 기반으로 하지 않는다. 성적인 끌림과 성행위가 아니기 때문이다.

현재 우리나라 질병관리청과 동성애 단체들도 남성 동성애자들을 '남자끼리 사랑하는 자들'이 아닌 '남자끼리 성관계를 가지는 자'라고 명시하고 있다.

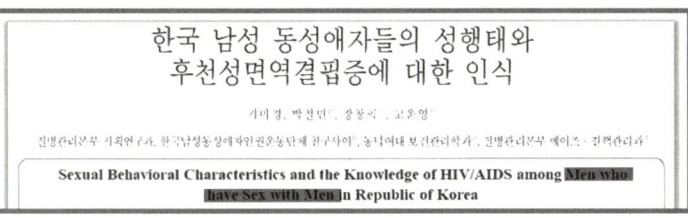

<남성 동성애자를 'Men who have Sex with Men'(MSM)으로 명시하고 있는 논문의 영문 제목>[1]

> **LGBT**
>
> 레즈비언(lesbian) : 표준국어대사전에 나와 있는 레즈비언의 정의는 "여성 동성애자를 이르는 말"이다. 즉, 여성에게 정서적으로나 성적으로 끌리는 여성 동성애자를 지칭한다.

게이(gay) : 표준국어대사전에 나와 있는 게이의 정의는 "동성애자를 달리 이르는 말, 최근에는 주로 남성 동성애자를 가리킨다."이다. 즉, 남성에게 정서적으로나 성적으로 끌리는 남성 동성애자를 지칭한다.

양성애자(bisexual) : 양성애자는 동성과 이성 모두에게 성적인 관심과 매력을 느끼는 사람을 말한다.

트랜스젠더(transgender) : 남성이나 여성의 신체를 지니고 태어났지만 자신이 반대 성의 사람이라고 인식하는 것으로, 타고난 성과 성별 정체성이 일치하지 않는 사람을 말한다. 트랜스젠더들 중에는 자신의 신체와 성별 정체성이 다른 문제를 해결하기 위해 호르몬 대체 요법(HRT), 성전환 수술(SRS), 심리상담 등을 받는다. 하지만 의학적인 조치를 받지 않았다고 해서 트랜스젠더가 아닌 것은 아니며, 모든 트랜스젠더들이 의학적 조치를 원하는 것도 아니다.

❷ 동성애 현황

> 성별, 지역에 따라 차이가 있지만, 보편적으로 동성애를 인정하는 나라에서 그 비율이 높게 나오는 것을 알 수 있다.

우리나라 보건복지부에서는 이에 대해 정확한 통계를 내기가 어렵다고 말하는 상황이다. 2015년에 발표된 질병관리청 보고서[2]에 따르면 "동성애 경험이 있다."라고 응답한 사람이 0.3%라고 말하고 있지만, 실제로는 이것보다 더 많을 것으로 보고 있다.

영국이나 미국처럼 차별금지법이 통과된 나라들은 100명 중 2~3명으로 발표되었고, 미국 캘리포니아 주의 샌프란시스코(6.2%)나 포틀랜드(5.4%) 같은 경우는 그 비율이 더 높음을 알 수 있다.[3]

구분		남성		여성		전체	
		빈도	구성비	빈도	구성비	빈도	구성비
총대상자수		1,526	100.0	1,474	100.0	3,000	100.0
전체	예	79	5.2	48	3.3	127	4.2
	아니오	1,447	94.8	1,426	96.7	2,873	95.8
온라인조사	예	75	5.9	42	3.4	117	4.7
	아니오	1,198	94.1	1,185	96.6	2,383	95.3
면접조사	예	4	1.6	6	2.4	10	2.0
	아니오	249	98.4	241	97.6	490	98.0

<동성과의 성접촉/성행위 경험 조사, 2015 질병관리청 보고서>

동물이 동성 간 성행위를 하니까 인간도 해도 되는 것 아닌가요?

2012년 6월 "아델리펭귄의 충격적인 성적 변태성 밝혀져"라는 제목의 기사가 한 언론에 실렸다.[4] 그 내용은 아델리펭귄이 동성애 행위를 하며, 어린 펭귄에 대한 성폭력도 마다하지 않는다는 것이다. 심지어 수컷 펭귄들은 죽은 암컷 펭귄들과 교미를 시도했다고 한다.

이것은 남극에서 100년 전 작성된 수첩 가운데 아델리펭귄의 성생활이 담긴 내용이 복원되어 더 자세하게 알려졌다. 뉴질랜드 언론은 2014년 10월 20일 "뉴질랜드의 남극유산보존재단이 남극 내 영국 스콧 탐험대 기지에서 1911년 당시 탐험대원이었던 외과의사이자 동물학자인 레빅의 수첩을 발견했다."고 보도했다. 당시 기사에 따르면, 레빅은 '아델리펭귄의 자연사'라는 관찰일지에서 수컷 아델리펭귄은 이성과 동성을 가리지 않고 성관계를 맺는다고 기록했다. 암컷 펭귄과 강압적인 성행위를 하고, 어린 펭귄에게는 성적 학대를 일삼는다고까지 기술했다. 심지어 죽은 지 1년이 넘은 암컷 사체와도 교미하는 게 관찰되었다고 기록했다. 이는 각각 동성애, 강간, 가학적 성애, 소아성애, 시체성애 등 인간 세계에서는 비정상적인 행위로 간주되는 성행위와 맥락을 같이한다. 어쨌든 레빅은 이런 수컷 아델리펭귄을 '훌리건 같은 수컷'이라 평가했다고 한다.

동물의 동성애와 양성애는 자연 속에서, 특히 짝짓기와 구애 활동에서 관찰된다. 청동오리, 돌고래 등 여러 동물의 동성 간 성행위가 관찰되었다고 주장하는 보고서도 있다. 그러나 그렇다고 해서 인간이 동성애를 하는 것이 당연하다고 주장할 수 있을까? 동물이 하는 행동이니까 인간이 해도 자연스러운 것이라고 용납해야 한다는 논리가 과연 맞을까? 정답은 '그렇지 않다.'이다. 동물은 동성애 외에도 기이한 행동을 한다. 예를 들어 햄스터는 자식을 물어 죽이고, 암사마귀는 교미 직후 숫사마귀를 먹어 치운다. 또한 동물은 본능에 충실한 행동을 하기도 한다. 개는 노상 방뇨를 하고 길에서 성행위도 한다. 뻐꾸기는 새끼를 키우려고 다른 새의 둥지에 자신의 알을 몰래 놓고 달아난다. 심지어 부화되어 나온 새끼 뻐꾸기는 원래 주인인 새의 새끼를 둥지 밖으로 밀어 떨어뜨려 죽임으로써 자신의 생명을 지킨다. 비둘기는 정조 관념 없이 난잡스럽게 성관계를 하기로 유명하다.

개가 노상 방뇨를 한다고 해서 인간이 노상 방뇨를 해도 된다는 논리에 동의할 사람이 얼마나 될까? 동성애 역시 그렇다. 동물이 동성 간 성행위를 한다고 해서 인간이 해도 된다는 논리는 적절하지 않다. 흔히 인간과 동물의 차이를 이성 혹은 윤리와 도덕에 대한 의식의 존재 여부에 둔다. 동물은 본능에 따라서 행동하며 살아가지만, 인간은 이성·윤리·도덕적 판단을 하기 때문이다. 이성적으로 판단하고 행동한다는 것은 결국 상황과 필요에 따라 '본능을 거스르는' 행동이 가능함을 의미한다. 하지 말아야 할 행동을 하지 않는 게 가능하다는 것이다.

동성 간 성적 끌림은 유전?

1993년 동성애자인 해머는 40곳의 가계를 조사해 X염색체 위의 Xq28과 남성 동성애 사이에 높은 상관관계가 있다고 『사이언스』에 발표했다.[5] 해머는 논문의 머리글에서 "이 결과는 99% 이상 통계적 신뢰도를 갖는다."라고 주장했다.

그러나 1999년에 라이스 등이 52쌍의 동성애자 형제와 33쌍의 일반 형제를 비교한 후, Xq28이 남성 동성애와 관련이 없다고 『사이언스』에 발표했다.[6] 이후 2005년 해머를 포함한 연구팀도 456명을 조사한 후, Xq28은 동성애와 상관관계가 없다고 다시 발표했다. 해머가 자신의 1993년 연구 결과를 번복한 것이다.[7]

2012년 드라반트 등은 2만 3,874명(이성애자 77%, 동성애자 6%)을 조사한 결과 동성애 유발 유전자를 발견하지 못했다.[8] 2018년 웨도우 등은 약 50만 명을 조사해 동성애 유발 유전자는 없다고 발표했다.[9] 결론적으로 동성애 유발 유전자는 발견되지 않았다.

동성애가 유전이 아님을 나타내는 몇 가지 과학적 근거를 소개하면 다음과 같다. 먼저 자녀를 적게 낳는 행동 양식은 유전일 수 없다. 어떤 유전자를 가진 집단이 지속적으로 유지되려면 그 집단의 성인 한 명당 한 명 이상의 아이를 낳아야 한다. 그런데 동성 간 성행위로는 아이를 낳을 수 없다. 조사에 따르면 남성 동성애자의 15%만 마지못해

결혼이라는 이름으로 결합했다. 이 조사에 의하면 동성애 유발 유전자를 가진 사람의 수가 점차 줄어들어 지구상에서 동성애가 사라졌어야 한다.

어떤 행동이 유전된다는 것은 그 행동을 하게 만드는 유전자가 있다는 뜻이다. 하등동물의 행동양식은 1~2개의 유전자에 의해 결정되지만, 일반적으로 고등동물의 행동양식에는 수많은 유전자가 관여한다. 동성애가 유전이라면, 그와 관련된 수많은 유전자가 돌연변이에 의해 바뀌어야 하므로, 동성애는 아주 천천히 여러 세대에 걸쳐 변화되어야 한다. 그런데 실제 상황은 그렇지 않다. 가계조사를 해 보면, 갑자기 동성애자가 나타났다가 또 갑자기 사라지는 현상을 볼 수 있다.

동성애가 선천적이지 않음을 나타내는 강력한 증거는 일란성 쌍둥이의 동성애 일치 비율이다. 일란성 쌍둥이는 동일한 유전자를 가지고 같은 엄마 배 속에서 모든 선천적 영향을 동일하게 받는다. 따라서 동성애가 선천적이라면 일란성 쌍둥이는 높은 동성애 일치 비율을 가져야 한다. 그러나 조사 결과를 보면, 2000년에 미국 1,512명 일란성 쌍둥이의 동성애와 양성애를 합친 비이성애 일치 비율이 18.8%였다. 2000년에 호주 3,782명 일란성 쌍둥이의 동성애 일치 비율은 남성 11.1%, 여성 13.6%였고, 2010년 스웨덴 7,652명 일란성 쌍둥이의 동성애 일치 비율은 남성 9.9%, 여성 12.1%였다.[10] 즉, 일란성 쌍둥이의 동성애 일치 비율은 대략 10%라고 볼 수 있다. 그런데 이 일치 비율도 전부 선천적 영향이라고 말할 수 없다. 쌍둥이는 같은 부모와 환경에서 동일한 후천적 영향을 받으며 서로에게 영향을 줄 수 있기 때문이다. 동일한 유전자를 가지고 선천적, 후천적 영향을 합쳐도 일치 비율이 10%밖에 되지 않는다는 것은 선천적 영향이 10%가 되지 않으며, 동성애가 선천적으로 결정되지 않음을 분명히 보여 준다.

- 길원평(부산대) 외 6인[11]

❸ 동성 간 성행위로 인한 항문 관련 질병 증가

동성 간 성행위를 하는 사람은 항문암, 변실금, 인체유두종바이러스, 항문 바이러스 질환 등에 노출될 가능성이 높다.

미국 질병관리본부(CDC) 홈페이지에는 'Gay & Bisexual'(게이&양성애자)에 관해 굉장히 많은 부분이 할애되어 있을 정도로 동성 간 성행위를 심각하게 보고 있다. 미국 질병관리본부에서는 동성 간 성행위를 하면 항문암에 걸릴 확률이 이성애자 남성보다 17배나 더 높다고 한다.[12]

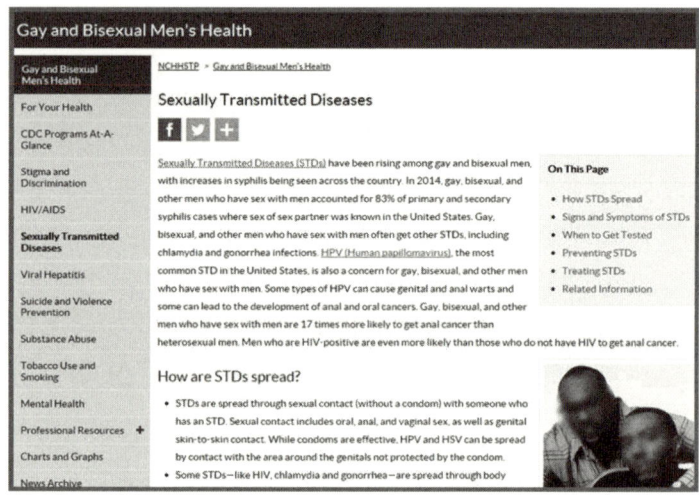

<남성 동성애자가 남성 이성애자보다 항문암에 걸릴 확률이
17배 높다고 경고하고 있는 미국 질병관리본부 자료>[13]

또한 미국 NCBI(National Center for Biotechnology Information)에 게시된 논문 "항문 성교 및 변실금 : 2009~2010년 국민 건강 및 영양 검사 결과 자료"에 의하면 항문 성교를 하는 남성 동성애자들이 변실금에도 많이 걸린다고 나와 있다.[14]

캐나다 보건복지부도 동성 간 성행위를 하는 사람은 인체유두종바이러스(HPV), 항문 바이러스 질환에 노출된다고 말하고 있으며,[15] 영국 보건복지부에서도 남성 간 성행위자에 대해서 "남성 간 성행위는 항문 성행위에 특정되고 있다."라며 보편적인 모습이 아닌 위험한 성 행태라고 말하고 있다.[16]

④ 동성 간 성행위로 인한 대변 유래 질병 증가

> 동성 간 성행위를 하는 사람은 대변 유래 질병(fecal-oral transmission)에 걸릴 가능성이 높다.

이질은 피가 섞인 설사 등을 포괄적으로 가리키는 질병 용어다. 세균성 이질은 이질균에 의한 장 감염증으로 지속적인 설사, 복통 등이 나타난다. 심할 경우 경련이 일어나고, 합병증으로 독성 거대결장, 직장 탈출증 등이 나타난다. 우리나라에서는 이를 제2급 법정전염병으로 규정하고 있다.[17]

이질은 대변 처리 시설이 미비한 개발도상국 전염병으로 불린다. 위생적인 대변 처리 시설이나 상하수도 시설이 구축되지 않은 나라에서는 대변에서 유래한 각종 세균이 끓이지 않은 물이나 손을 통해 쉽게 옮겨져, 이에 따른 관련 전염병이 유행하기 쉽다.

위생 인프라가 잘 구축된 선진국에서는 이질 감염 사례가 대폭 줄어들고 있었으나 미국, 영국, 일본 등에서 다시 이질이 유행하며 보건당국을 긴장시키기 시작했다. 남성 동성애자들을 중심으로 한 이질 재유행이 보고되기 시작한 것이다. 미국, 영국 등의 보건당국은 남성 동성애자들의 성행위 특성상 대변에서 유래한 각종 세균이 입으로 들어가는 위험천만한 상황에 놓일 확률이 높다고 경고했다.

특히 영국 공중보건국은 2014년부터 남성 동성애자와 남성 양성애자 사이에서 이질이 돌고 있음을 알리고, 이들에게 이질 감염의 위험성을 알리는 캠페인을 시작한다는 보도자료를 내놓았다. 또한 2014년 1월 "게이와 양성애자 사이에서 유행하고 있는 이질"이라는 보고서를 통해 2013년에만 200명 이상의 런던 남성들에게 이질이 전염되었다고 구체적으로 경고하면서 동성

애자 간 접촉을 피하고 청결을 유지할 것을 강조했다.[18]

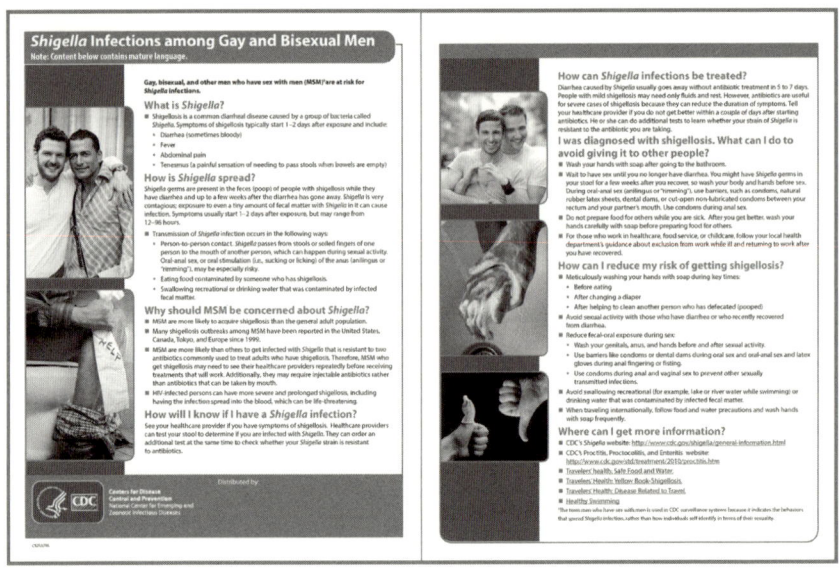

<미국 질병관리본부가 배포한 남성 동성애자의 이질 예방을 위한 전단 :
대변 유래 질환을 막기 위해 남성 간 성접촉 시 고무장갑을 쓰라고 명시되어 있다.>[19]

그러나 미국 질병관리본부는 단순히 손을 잘 씻는 것만으로는 한계가 있다고 판단하여 남성 동성애자의 이질 감염을 막기 위한 실질적인 방법으로 덴탈댐(dental dam)과 고무장갑(latex glove)을 사용하라는 안전수칙까지 명시했다.[20] 이는 남성 동성애자를 차별하는 것이 아니라 질병으로부터 보호하기 위해 질병관리본부가 홈페이지에 게시한 것이다.

5 동성 간 성행위로 인한 각종 간염 증가

동성 간 성행위를 하는 사람은 A형 간염 등 각종 간염에 걸릴 가능성이 높다.

2017년 6월 세계보건기구(WHO)는 홈페이지에 "간염 발생은 주로 유럽 지역 및 아메리카 남성들과 성관계를 가진 남성들에게 영향을 미친다"라는 제목의 보고서를 게시하고, 미국과 유럽에서 매년 열리는 동성애자 축제가 A형 간염 확산에 기여할 수 있음을 경고하기 시작했다. A형 간염 확산의 주된 원인이 '남성 동성애자 간 성접촉'이라는 사실을 WHO가 공식적으로 밝힌 것이다.[21]

또한 미국 질병관리본부는 남성 간 성행위자 사이에서 A형 간염이 발생하는 이유를 "동성애자와 양성애자 남성의 바이러스성 간염"이라는 게시물을 통해 소개하고 있다. 남성 간 성행위 시 대변-구강(fecal-oral)의 직접적인 경로를 통해 오염되거나 성행위 시 오염된 손, (성)도구 등을 통해 간접적으로 오염될 수 있다는 것이다.[22] 그뿐만 아니라 동성 간 성행위를 하는 사람들이 A, B, C형 간염에 걸릴 확률이 더 높다고 반복적으로 설명하고 있다.[23]

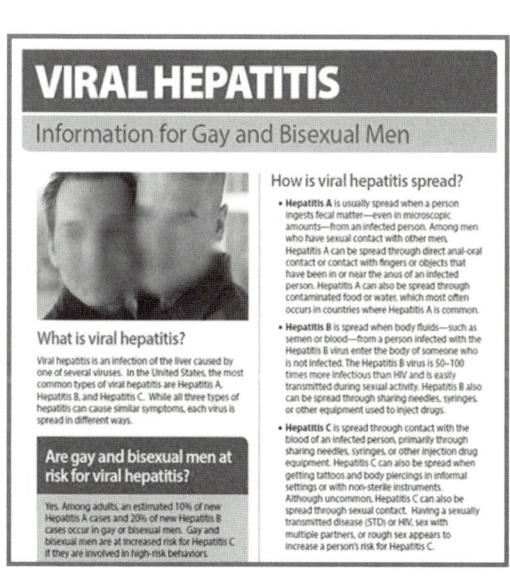

<미국 질병관리본부가 제작한 남성 동성애자에서 각종 간염 위험이 높음을 경고하며 예방법을 소개하는 전단>[24]

2017년 영국 보건당국은 홈페이지에 게시한 주간보고서를 통해 2016년 7월부터 2017년 4월 2일까지 영국에서 발병된 A형 간염의 74% 이상이 남성 동성애자였다고 보고했다. 그렇다 보니 영국 보건국은 세계적으로 유명한 퀴어 행사인 '스페인 마드리드 게이 퍼레이드'에 참여할 사람들에게 공식 웹사이트를 통해 A형 간염 백신을 맞고 참여하라고 공지하는 상황에까지 이르렀다.[25] 영국 보건당국은 A형 간염이 대변에 오염된 음식물 등을 통해 전염될 수 있지만, 최근에는 남성 간 성행위 패턴의 특성상 이런 위험한 상황이 발생하고 있다고 밝히며 A형 간염에 걸릴 위험이 가장 큰 그룹으로 남성 동성애자들을 꼽았다. 이는 공연한 기우가 아니며, 이미 영국 런던 등 주요 도시에서 현실로 드러나고 있다고 발표했다.

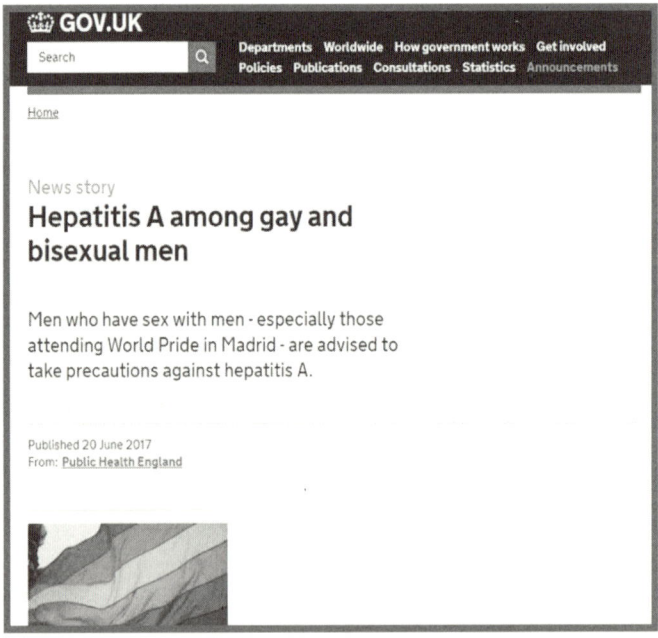

<게이 퍼레이드에 참여하는 동성애자에게
A형 간염 백신을 맞으라고 권고하는 영국 보건당국>[26]

6 동성 간 성행위로 인한 에이즈 노출

> 동성 간 성행위를 하는 사람은 에이즈에 걸릴 가능성이 높다.

미국 질병관리본부는 홈페이지를 통해 후천면역결핍증인 에이즈(AIDS)를 야기하는 인체면역결핍바이러스(HIV, Human Immunodeficiency Virus)가 처음부터 인류에게 있었던 것이 아닌 중앙아프리카에 서식하는 침팬지로부터 시작된 것이라고 밝히고 있다. HIV는 바이러스의 이름이고, 에이즈는 질병의 이름이다. 원숭이면역결핍바이러스(SIV, Simian Immunodeficiency Virus)가 인체에 들어와 인체면역결핍바이러스로 활동하게 됐다는 것이다. 쉽게 말해 에이즈는 원숭이의 바이러스가 피를 통해 직접 인간의 혈중으로 들어오는 방식으로 전파된 것이다.[27]

에이즈는 현재 예방백신이나 완치의 길이 열려 있지 않은 병이다. 에이즈 치료제라고 하는 것조차 완치제가 아니다. 우리나라 질병관리청은 HIV 감염인과 에이즈 환자를 통칭해서 '에이즈에 걸린 사람'이라고 표현한다. 모든 HIV 감염인이 에이즈 환자는 아니지만, 결국에는 에이즈 환자가 되기 때문이다.

미국 질병관리본부는 전체 인구 중 2%도 안 되는 남성 동성애자들이 전체 에이즈 환자의 약 70%를 차지한다고 공개했다.[28] 특히 미국 십 대 에이즈 환자 중 94% 정도가 동성 간 성행위로 인해 에이즈에 걸렸다는 것을 공개하고 있다.[29] 모든 남성 동성애자가 에이즈에 걸리는 것은 아니지만 미국, 영국, 일본 등 에이즈 확산 첫 단계에 놓여 있는 국가에서 에이즈 유병률은 공통적으로 남성 동성애자 그룹이 가장 높다. 존스홉킨스 대학 연구진의 발표에 따르면 미국 남성 동성애자 100명 중 15명꼴로 에이즈 바이러스 유병률을 보

인다고 한다.[30]

우리나라 4차 국민건강증진 종합계획서에도 에이즈 관리 목표가 "남성 동성애자의 HIV 검사 수검률과 콘돔 사용률을 높인다."라고 명시되어 있다.[31] 과거 우리나라는 신규 에이즈 환자가 1년에 2~3명일 정도로 에이즈 발병률이 현저히 낮았지만, 지금은 신규 감염자가 1년에 약 1,200명씩 나오고 있다.[32] 1,200명 중에서 약 40%에 육박하는 연령층이 10~20대이며, 특히 20대가 많이 걸리고 있다.[33] 99%가 성행위로 에이즈에 걸렸으며, HIV 감염인의 약 92%가 남성인 것으로 볼 때, 남성 동성애자 간 성접촉이 에이즈의 주요 전파 경로로 추정된다.[34] 현재 에이즈 환자는 20,000명가량 누적되어 있는데, 5,000명 이상이 사망했다.[35] 에이즈에 걸린 여자에 대해서는 1980년대 후반만 하더라도 '윤락가 여성'이라고 표현했지만, 지금은 '주부'로 표현하고 있다. 동성 간 성행위를 통해 에이즈에 노출된 사람인 줄 모르고 결혼한 경우가 있기 때문이다.

현재 우리나라 신규 에이즈 감염통계는 전 세계 신규 에이즈 감염통계와 반대로 가고 있다. 전 세계 통계는 줄고 있는데 우리나라는 늘고 있으며, 그 누적곡선이 굉장히 가파르다. 우리나라 질병관리청 에이즈관리사업 평가서에 따르면, 보건소에서 조사할 때는 동성애로 인해 에이즈에 걸렸다고 말하지 않다가, 이후 동성 간 성접촉으로 인해 에이즈에 걸렸다고 말하는 사람이 상당수라고 한다. 전체 감염인 중 남자가 92%로 절대다수인 데다가 감염내과 교수들의 진료 경험상 실제 환자들의 60~70% 이상이 남자 동성애자라고 보고되고 있다.[36] 우리나라 보건복지부 "제4차 국민건강증진종합계획(2016-2020)"에도 남성 동성애자 간 성접촉이 주요 전파 경로일 것으로 최종 판단하고 있다.[37] 결국 우리나라 에이즈 예방 사업은 남성 동성애자들을 중심으로 벌어질 수밖에 없는 것이다.

> 왜 카스트로 거리에 HIV 억제제 부작용 치료제에 대한 광고가 있을까?
>
>
>
> <프라이드 퍼레이드>
>
> 동성애 문화를 상징하는 미국 샌프란시스코의 중심가인 카스트로 거리[38]에서는 매년 6월 퀴어 행사인 '프라이드 퍼레이드'가 열린다. LGBT(레즈비언, 게이, 양성애자, 트랜스젠더)의 메카로 불리는 샌프란시스코에서 열리는 '프라이드 퍼레이드'에는 전 세계 동성애자들이 모여들어 북새통을 이룬다. 캘리포니아 관광청에서 '성소수자 여행', '카스트로 둘러보기' 등의 상품을 소개하고 있을 정도이다.[39]
>
> 그런데 카스트로 거리 곳곳에 에이즈와 관련된 의약품 광고가 보인다. 에이즈 치료제의 대표적인 부작용 중 하나가 돌출된 뱃살과 같은 지방이상증(lipodystrophy)인데, 이를 억제하는 의약품인 에그리프타(Egrifta) 광고도 버스 정류장에 등장했다.[40] 약을 생산하는 회사 입장에서는 에이즈 유병률이 높은 남성 동성애자들로 북적이는 거리에서 에그리프타를 알리는 게 효과가 크리라 판단했던 것 같다. 동성애자의 도시에 에이즈 감염자가 많음을 알 수 있는 한 단면이다.

여성 동성애자들이 에이즈의 주된 전파 경로가 되는 것은 아니지만, 미국 정부 기관이 내놓은 여성 동성애자들의 건강 통계를 본다면 잘못된 환상을 깰 수 있을 것이다. 예를 들어, 여성 동성애자는 이성애자 여성에 비해 부인과 암에 걸릴 위험이 더 크다든지 비만, 과도한 흡연, 알코올 오남용, 약물 오남용 등의 문제가 더 빈번하다고 보고된다. 이러한 건강 격차로 인해 미국은 2010년에 레즈비언, 게이 등의 의료적 문제를 해결하기 위해 LGBT 문제조정위원회(LGBT Issues Coordinating Committee)를 구성하여 매년 이들의 건강 문제 해결을 위한 권장 사항을 개발하고 있다.[41]

⑦ 동성 간 성행위로 인한 성병(매독, 임질) 감염 증가

> 동성 간 성행위를 하는 사람은 매독, 임질 등의 성병에 걸릴 가능성이 높다.

매독(梅毒, syphilis)은 매독균이 내부 장기에 침범하여 발생하는 접촉성 성매개감염병이다. 매독은 주로 성기 부위, 질, 항문 등에 발생하는 피부궤양으로, 입술이나 구강 내에 발생하기도 한다.

영국의 조사 결과 5대 성병이 남성 동성애자들에게 몰려 있다고 나타났으며, 특히 런던을 기준으로 봤을 때 매독 감염자의 90%가 남성 동성애자로 확인되었다.[42] 미국의 경우에는 매독 감염자의 83%가 남성 동성애자 및 양성애자라는 보고가 있다. 이러한 높은 발병률로 인해 미국 질병관리본부는 남성 동성애자 및 양성애자에게 정기적으로 성병 검사를 받을 것과 특히 성행위 파트너가 2명 이상이거나 모르는 사람과 성행위를 가졌을 경우 검사를 더 자주 받도록 권고하고 있다.[43]

임질(淋疾, gonorrhea)은 임균에 의해 발생하는 성병으로, 성기의 점막이 감염되면서 염증을 일으킨다. 2016년 미국 질병관리본부 자료에 따르면 2015년 미국 임질 감염자의 42.2%는 남성 동성애자들이었다. 동성 간 성행위를 하지 않는 일반 남성이 전체 인구의 대부분을 차지하나, 이들이 전체 임질 감염자 중 25.4%만 차지하는 것과 대조적이다. 전체 임질 감염자 중 여성은 32.4%

를 차지했다. 미국 전역의 2%가량 되는 남성 동성애자들이 전체 임질 감염자의 42% 넘게 차지하고 있다는 사실은 시사하는 바가 크다.[44)]

미국은 GISP(Gonococcal Isolate Surveillance Project)라는 전국적인 임질 조사 네트워크를 구축하고 있다. GISP의 자료에 따르면 1989년부터 남성 동성애자들의 임질 발병이 꾸준히 증가하다가, 2015년을 기준으로 성병클리닉에 방문한 남성 동성애자들의 요로균체 중 40%에서 임질균이 나왔다.[45)] 전술한 보고서에 따르면 샌프란시스코에서 발생한 임질의 87.8%가 남성 동성애자에 의한 것이었다.[46)] 샌프란시스코뿐만 아니라 매사추세츠, 뉴욕, 캘리포니아, 필라델피아 등 소위 동성애 친화적인 도시로 알려진 지역에서 임질이 많이 발생한다는 공통점이 나타났다. 이 중 샌프란시스코는 미국에서 동성애자 비율이 가장 높은 도시로서, 2015년 미국에서 임질이 가장 많이 발생한 곳이었다. 전체 환자 수는 1만 7,563명으로, 10만 명당 발병 비율은 173.6명이었다. 그런데 샌프란시스코가 10만 명당 524명, 필라델피아 401.2명, 뉴욕 335.3명 등으로 나타나는 것을 보면, 친동성애 지역일수록 환자 수가 증가한다는 것을 알 수 있다.[47)] 그뿐만 아니라 2013~2014년에는 남성의 임질 발병이 증가하는 반면 여성의 임질 발병은 감소했다. 이는 이성 간 성행위가 임질의 주요 원인이 아니라는 것을 말해 준다.[48)]

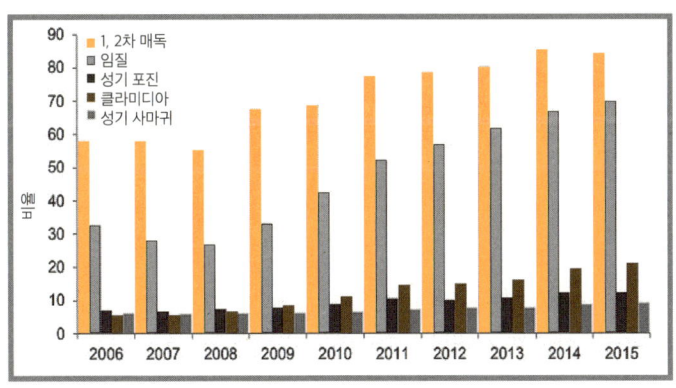

<2006~2015년 영국 남성 성병 환자 중 남성 동성애자 비중>

절망 가운데 있는 아이를 마주한 양육자에게

아이들에게 "지킬 건 지키자."라는 교육을 하고 나면 아이들도 가이드라인을 갖게 됩니다. 그러면서 자신이 그동안 적색신호일 때 길을 건넌 것은 아닌지 돌아보게 됩니다. 이런 과정을 거쳐 "그동안 잘해 오고 있었구나." 또는 "난 이미 일탈 행위를 했구나."라고 판단하게 되는 것이지요.

그런데 간혹 저를 찾아와 이런 이야기를 하는 아이들이 있었습니다.
"아, 역시 제가 사고를 친 게 틀림없네요. 그래서 제 기분이 바닥이었던 거군요. 저는 분명 성교육 시간에 강사님이 말씀해 주신 대로 성적 자기 결정권에 따라 합의한 사람, 나를 좋다고 하는 사람, 나를 예쁘다고 하는 오빠와 성관계를 했는데 '왜 이렇게 기분이 나쁘지?'라는 생각이 들었어요. 이제 그 이유를 알 것 같아요."
또 어떤 아이는 잊을 수 없는 이야기를 했습니다.

"지금 저는 정말 바닥을 치고 있는 것 같아요. 저는 성적 일탈 후 굉장히 스트레스를 받았어요. 청소년으로서 바람직하지 않은 행동을 한 거니까요. 그리고 월경을 제때 하지 않아서 처음으로 임신 테스트까지 하게 되었어요. 다행히 두 줄이 나오지 않아서 너무 기뻤지만, 기분 나쁘고 이상한 감정이 들어서 펑펑 울었어요. 선생님, 저는 지금 인생에서 바닥을 치는 기분이에요."

이런 아이들에게 우리는 어떻게 말해 주어야 할까요?
"네가 바닥을 치는 것 같은 기분이 든다면 왜 그런 기분이 드는지 마음을 들여다보면 어떨까? 그래서 되돌아보아야 할 것, 수정해야 할 것이 있다면 직면해 봐. 누구나 실수할 수 있어. 하지만 그 실수를 계기로 더 성장하는 것, 그리고 그 실수를 반복하지 않는 게 중요한 거야. 비행기로 친다면 너는 지금 활주로에 있는 셈이지."
아이의 눈이 동그래졌습니다.
"비행기는 하늘을 날 수 있어. 활주로에 있는 비행기, 즉 바닥에 있는 비행기는 날 준비를 하는 거야. 날아오를 준비를 하지 않는 게 진짜 바닥을 치는 거야. 그러니 이왕 바닥에 있는 김에 기름도 채우고, 나사도 꽉 조이고, 비행기도 윤이 나게 닦자. 훨훨 날아오를 준비를 하자." 활주로에 비유해서 설명하니, 아이의 표정이 밝아지고 자신감을 얻기 시작했습니다.

요즘 많은 아이들이 마음의 안전 기지 없이 살고 있습니다. 역기능을 하는 가정도 많고, 특히 팬데믹 이후에 인간과 인간 사이의 단절을 경험한 아이들이 많아졌으며, 십 대의 우울증 또한 급증하여 우울증 치료를 받는 아이들도 많습니다.
아이들이 바닥을 치고 있는 것 같은 기분을 느끼고 있을 때 활주로 이야기를 해 주시면 어떨까요? "너는 활주로에 있는 비행기야. 그러니까 바닥에 있는 기분이 들 수도 있겠지. 하지만 비행기는 활주로에서 날아오를 준비를 하는 시간을 가지게 돼. 연료도 채우고, 정비도 하고, 함께할 사람들을 태우기도 하고 말이야. 그렇기 때문에 활주로에 있는 이 순간은 정말 중요하고 의미가 있어." 그래서 하늘을 날아오를 때뿐만 아니라 바닥을 치고 있는 것 같은 기분이 드는 이 시간도 의미 있다는 것을 알려 주어야 합니다.

『빅터 프랭클의 죽음의 수용소에서』(청아출판사, 2020)라는 책은 삶의 의미를 찾는 것이 중요하다고 말하고 있습니다. 마냥 행복한 순간이든, 행복하지 않게 느껴지는 순간이든 그 순간의 의미를 찾는 것이 중요하다는 것입니다. 그 의미를 찾은 사람의 삶은 충분히 행복한 삶으로 전환될 수 있습니다.

아이들이 일탈 이후 무력감, 상실감, 자책감에 빠져 있을 때, 우리는 그의 힘듦을 공감해 주어야 합니다. 그리고 앞으로는 녹색신호 때 건널 것을 독려하되, 날아오를 준비를 하고 있는 비행기의 의미 있는 시간이라는 것을 깨우쳐 주는 것이 필요합니다. 또한 상담을 통해 도움받는 것을 부끄러워하거나 주저하지 않도록 독려해야 합니다. 그러면서 "너는 충분히 사랑스럽고 소중한 존재야. 네가 멋지게 창공을 날아 목적지에 도달하도록 도와줄게."라고 말해 주면 어떨까요?

미주

1장. 남자로, 여자로 쑥쑥 성장해 가기

1) 헬스조선, "질병도 '남녀유별'… 증상·원인·치료법 다 다르다", 2018년 5월 29일. https://m.health.chosun.com/svc/news_view.html?contid=2018052803522.
2) 질병관리청 국립보건연구원, "보건의료연구 성별 영향 분석", 2015년, 6. https://library.nih.go.kr/ncmiklib/archive/rom/reportView.do?upd_yn=Y&rep_id=RP00003543.
3) 조선일보, "[사이언스카페] '수컷만 쓰니 부작용이' 성차별 사라지는 동물 실험", 2020년 6월 10일. https://www.chosun.com/site/data/html_dir/2020/06/10/2020061000501.html.
4) 식품의약품안전처, "의약품 임상시험 시 성별 고려사항 가이드라인", 2015년 12월 22일. https://www.mfds.go.kr/brd/m_1060/view.do?seq=12167&srchFr=&srchTo=&srchWord=&srchTp=&itm_seq_1=0&itm_seq_2=0&multi_itm_seq=0&company_cd=&company_nm=&page=116.
5) 김영미 외, 『성차과학과 성차약학』(대한의학서적, 2023).
6) 한국성과학연구협회, "간성과 동성애는 서로 무관하다", 2017년 3월 14일. http://sstudy.org/what-is-intersex/.
7) SCIENCE ON, "세포도 '남녀 유별' 하다", 2018년 3월 15일. https://scienceon.kisti.re.kr/srch/selectPORSrchTrend.do?cn=SCTM00175121.
8) 연합뉴스, "<의학> 알코올 건강 영향 남녀 다르다", 2008. 07. 11. https://www.yna.co.kr/view/AKR20080711084100009.
9) 헬스조선, "소화 불량, 여성이 남성의 1.5배 … 피해야 할 음식은?", 2018. 10. 30. https://health.chosun.com/site/data/html_dir/2018/10/30/2018103002465.html.
10) BBC. Korea, "갱년기 : 폐경, 여성 몸에 어떤 영향 미칠까", 2019. 05. 29. https://www.bbc.com/korean/news-48437102?xtor=AL-%5B73%5D-%5Bpartner%5D-%5Bnaver%5D-%5Bheadline%5D-%5Bkorean%5D-%5Bbizdev%5D-%5Bisapi%5D.
11) 사이언스타임즈, "여자가 우울증 잘 걸리는 이유", 2015. 10. 22. http://bit.ly/39Y9NzB.
12) 한국인 인체치수조사 Size Korea, "8차 인체치수조사(2020~23)". https://sizekorea.kr/human-info/meas-report?measDegree=8.
13) 연합뉴스, "한국 女 키 100년새 20cm↑ … 성장속도 세계 1위", 2016. 7. 26. https://www.yna.co.kr/view/MYH20160726017300038.
14) 교육부, "2019년도 학생 건강검사 표본통계 발표", 2020년 7월 22일. https://www.moe.go.kr/boardCnts/viewRenew.do?boardID=294&lev=0&statusYN=W&s=moe&m=020402&opType=N&boardSeq=81310.

15) Madhura Ingalhalikar et al., "Sex differences in the structural connectome of the human brain", PNAS, December 2, 2014, vol. 111(no. 2), 823-828. https://www.pnas.org/content/111/2/823.

16) Ruben C Gur, etc., Neuropsychology(Mar. 2012 ; 26<2>, 251-265), "Age group and sex differences in performance on a computerized neurocognitive battery in children age 8-21". http://www.ncbi.nlm.nih.gov/pubmed/22251308.

17) 브레인미디어, "좌우뇌의 비대칭성, 남자가 더 그래", 2010. 12. 8. http://kr.brainworld.com/BrainScience/158.
Doreen Kimura Richard & A. Harshman, Progress in Brain Research(Vol. 61, 1984, 423-441), "Sex Differences in Brain Organization for Verbal and Non-Verbal Functions". http://www.sciencedirect.com/science/article/pii/S0079612308644520.
Kimura, Doreen, APA PsyArticles (1983), "Sex differences in cerebral organization for speech andpraxic function". http://psycnet.apa.org/record/1984-07181-001.
Lansdell, Herberr, APA PsyArticles(1989), "Sex differences in brain and peronality correlates of the ability to identify popular word association", http://psycnet.apa.org/record/1990-02449-001.

18) 질병관리본부(KCDC) 보도자료, "치매 예방을 위해 남녀별 다른 관리가 필요", 2019년 9월 20일. https://www.kdca.go.kr/board/board.es?mid=a20501010000&bid=0015&act=view&list_no=364874.

19) 브레인미디어, "남성과 여성, 뇌 속 편도체에 나타나는 변화도 달라", 2012. 05. 06. http://kr.brainworld.com/BrainScience/9022.
Hengjun J. Kim, etc., Neuroimage (May 2012 ; 60<4>), 2054-2061, "Sex differences in amygdala subregions : evidence from subregional shape analysis". http://www.ncbi.nlm.nih.gov/pubmed/22374477.

20) 세계일보, "엄마? 아빠? 만삭 사진 공개한 트랜스젠더 남성", 2018년 8월 24일. https://www.segye.com/view/20180824003217.

21) 국가법령정보센터, "소방공무원 체력관리 규칙", 2022년 10월 5일 기준. https://www.law.go.kr/LSW/admRulInfoP.do?admRulSeq=2100000198706#AJAX.

22) 한국노동사회연구소, "여성과 남성의 15대 직업", 『한국노동사회연구소 이슈페이퍼』, 2018권 6호, 2018년, 2-3. https://papersearch.net/thesis/article.asp?key=3769839.

23) 위의 자료, 3.

2장. 건강한 성가치관 세워 가기

1) 대법원 2020. 10. 29. 선고 2018도16466 판결 [아동·청소년의성보호에관한법률위반(강간)[변경된 죄명 : 아동복지법위반(아동에대한음행강요·매개·성희롱등)], 아동·청소년의성보호에관한법률위반(인정된 죄명 : 협박)].
2) 염미정, 이경주, 이주영, 한국 남녀 청소년의 정신건강과 영향 요인-이성과의 성경험을 중심으로 : 제11차 청소년 건강행태 온라인조사 자료 이용, 정신간호학회지(2020), 29(3), 195-206.
3) Joseph P. Allen, Rachel K. Narr, Jessica Kansky, David E. Szwedo, "Adolescent Peer Relationship Qualities as Predictors of Long Term Romantic Life Satisfaction", CHILD DEVELOPMENT volume 91, issue 1, January/February 2020. https://srcd.onlinelibrary.wiley.com/doi/abs/10.1111/cdev.13193.
4) W. Andrew Collins, Deborah P. Welsh, and Wyndol Furman, "Adolescent Romantic Relationships", 2008년 9월 11일. https://liberalarts.du.edu/sites/default/files/2021-04/Collins_Welsh_Furman_2009_annualreview.pdf.
5) Monroe, S. M., Rohde, P., Seeley, J. R., & Lewinsohn, P. M. (1999). "Life events and depression in adolescence : Relationship loss as a prospective risk factor for first onset of major depressive disorder", Journal of Abnormal Psychology, 108(4), 606-614. https://doi.org/10.1037/0021-843X.108.4.606.
6) 질병관리청, 『제14차(2018) 청소년건강행태조사 통계집』, 2018년, 293-294. https://www.kdca.go.kr/yhs/.
7) Christine C. Kim and Robert Rector, "Evidence on the Effectiveness of Abstinence Education : An Update", Backgrounder, The Heritage Foundation , No. 2372, February 19, 2010. https://files.eric.ed.gov/fulltext/ED509485.pdf.
8) John B. Jemmott III, Loretta S. Jemmott, and Geoffrey T. Fong, "Efficacy of a Theory-Based Abstinence-Only Intervention over 24 Months", Archives of Pediatrics and Adolescent Medicine, Vol. 164, No. 2 (February 2010), 156-157.
9) The Heritage Foundation. "Abstinence Education: Assessing the Evidence", 2008년 4월 22일. https://www.heritage.org/education/report/abstinence-education-assessing-the-evidence.
10) Elaine A. Borawski, Erika S. Trapl, Loren D. Lovegreen, Natalie Colabianchi, and Tonya Block, "Effectiveness of Abstinence-Only Intervention on Middle School Teens", American Journal of Health Behavior, Vol. 29, No. 5 (September/October 2005), 423-434.

11) Andrew Doniger, John S. Riley, Cheryl A. Utter, and Edgar Adams, "Impact Evaluation of the 'Not Me, Not Now' Abstinence-Oriented, Adolescent Pregnancy Prevention Communications Program, Monroe County, N.Y.", Journal of Health Communication, Vol. 6, No. 1 (January-March 2001), 45-60.
12) The Heritage Foundation, "Safe Sex : Time To Abstain", Jul 22nd, 2002. https://www.heritage.org/education/commentary/safe-sex-time348abstain.
13) The Heritage Foundation. "Abstinence Education: Assessing the Evidence". 2008년 4월 22일. https://www.heritage.org/education/report/abstinence-education-assessing-the-evidence.
14) 박수인(Park Suin), 이진아(Lee Jina), and 김현례(Kim Hyunlye). "성관계 경험이 있는 여자 청소년의 성 행태 및 정서적 상태가 자살사고에 미치는 영향", 정신간호학회지 27.1 (2018) : 15-27.
15) 김현식(2015). "청소년 성관계 경험이 자살행위에 미치는 영향", 대한간호학회지 45 (2) 184-191.
16) 유정옥, 김현희, 김정순(2014), "중학생의 성경험 영향 요인", 한국아동간호학회, 20(3), 159-167.
17) National Institutes of Health(NIH), "Long-Term Follow-Up of Transsexual Persons Undergoing Sex Reassignment Surgery : Cohort Study in Sweden", 2011년. https://www.ncbi.nlm.nih.gov/pmc/articles/PMC3043071/.
18) Paul McHugh, "Transgender Surgery Isn't the Solution : A drastic physical change doesn't address underlying psycho-social troubles", 2014년 6월 12일. https://www.wsj.com/articles/paul-mchugh-transgender-surgery-isnt-the-solution-1402615120.
19) Dailywire, "Survivor Of Transgender Surgery : It's Not A 'Sex Change', It's Mutilation", 2017년 8월 24일. https://www.dailywire.com/news/survivor-transgender-surgery-its-not-sex-change-hank-berrien.
20) HuffPost, "오리건주 법원이 미국 최초로 '제3의 성'을 합법으로 인정하다", 2016년 6월 12일. https://www.huffingtonpost.kr/news/articleView.html?idxno=30406.
21) Good Morning America, "Trans advocate Jazz Jennings on life before, after gender confirmation surgery", 2019년 1월 10일. https://www.goodmorningamerica.com/news/video/trans-advocate-jazz-jennings-life-gender-confirmation-surgery-60279853.
22) THE DAILY SIGNAL, "Commentary I Spent a Year as a Trans Man. Doctors Failed Me at Every Turn", 2019년 10월 7일. https://www.dailysignal.com/2019/10/07/i-spent-a-year-as-a-trans-man-doctors-failed-me-at-every-turn.

23) '캘리포니아 청소년 보건법'(California Healthy Youth Act)을 가리키는 것으로, 2016년 공립학교에서 학생들에게 포괄적인 성교육을 실시하도록 제정되었다. 성교육 지침서 내용이 '포르노 실습' 수준이라는 평가를 받으며 많은 이들이 이에 반발했다. (참고. SUNDAYJournal, "[논란] 캘리포니아 공립학교 성교육 지침서 논란", 2019년 5월 23일. https://sundayjournalusa.com/2019/05/23/%EB%85%BC%EB%9E%80-%EC%BA%98%EB%A6%AC%ED%8F%AC%EB%8B%88%EC%95%84-%EA%B3%B5%EB%A6%BD%ED%95%99%EA%B5%90-%EC%84%B1%EA%B5%90%EC%9C%A1-%EC%A7%80%EC%B9%A8%EC%84%9C-%EB%85%BC%EB%9E%80/).
California Legislative Information, AB-329 Pupil instruction: sexual health education(2015-2016). https://leginfo.legislature.ca.gov/faces/billNavClient.xhtml?bill_id=201520160AB329.

24) THE EPOCH TIMES, "영국 젊은 트랜스젠더 수백 명 '원래 성별로 돌아가고 싶다'", 2019년 10월 14일. https://kr.theepochtimes.com/%EC%98%81%EA%B5%AD-%EC%A0%8A%EC%9D%80-%ED%8A%B8%EB%9E%9C%EC%8A%A4%EC%A0%A0%EB%8D%94-%EC%88%98%EB%B0%B1-%EB%AA%85-%EC%9B%90EB%9E%98-%EC%84%B1%EB%B3%84%EB%A1%9C-%EB%8F%8C%EC%95%84%EA%B0%80%EA%B3%A0_501190.html.

25) FOX NEWS, "Transgender Wyoming woman convicted of sexually assaulting 10-year-old girl in bathroom", 2017년 10월 20일. https://www.foxnews.com/us/transgender-wyoming-woman-convicted-ofsexually-assaulting-10-year-old-girl-in-bathroom.

26) 동아일보, "美서 5세 여아 상대 트랜스젠더 성범죄 발생 … '화장실법' 논란 재점화되나", 2018년 10월 5일. https://www.donga.com/news/Inter/article/all/20181005/92272077/1.

27) THE DAILY WIRE, "Parents Outraged After Man Who Identifies As Woman Assaults 10-Year-Old Daughter In Women's Bathroom, Gets Slap On The Wrist", 2019년 2월 16일. https://www.dailywire.com/news/parents-outraged-after-man-who-identifies-woman-paul-bois.

28) 매일경제, "美, 트랜스젠더 스포츠 출전금지법 놓고 갑론을박", 2021년 5월 8일. https://www.mk.co.kr/news/world/9862524.

29) sportskeeda, "When transgender fighter Fallon Fox broke her opponent's skull in MMA fight", 2021년 9월 30일. https://www.sportskeeda.com/mma/news-when-transgender-fighter-fallon-fox-broke-opponent-s-skullmma-fight.

30) 중앙일보, "'男피지컬로 女경기출전 공정하냐' 올림픽 첫 성전환선수 논란", 2021년 8월 1일. https://www.joongang.co.kr/article/24118619#home.

31) 대한민국 법원 종합법률정보, "성전환자의 성별정정허가신청사건 등 사무처리지침". https://glaw.scourt.go.kr/wsjo/gchick/sjo330.do?contId=3226349&q=%EC%84%B1%EC%A0%84%ED%99%98%EC%9E%90%EC%9D%98%20%EC%84%B1%EB%B3%84%EC%A0%95%EC%A0%95ED%97%88%EA%B0%80%EC%8B%A0%EC%B2%AD%EC%8-2%AC%EA%B1%B4%20%EB%93%B1%20%EC%82%AC%EB%AC%B4%EC%B2%98%EB%A6%AC%EC%A7%80%EC%B9%A8&nq=&w=trty&section=trty_tot&subw=&subsection=&subId=&csq=&groups=&category=&outmax=1&msort=&onlycount=&sp=&d1=&d2=&d3=&d4=&d5=&pg=0&p1=&p2=&p3=&p4=&p5=&p6=&p7=&p8=&p9=&p10=&p11=&p12=&sysCd=&tabGbnCd=&saNo=&joNo=&lawNm=&hanjaYn=N&userSrchHistNo=&poption=&srch=&range=&daewbyn=N&smpryn=N&idgJyul=&newsimyn=&trtyNm=&tabId=&dsort=#1662015357891.
32) 중앙일보, "성전환자 성별 정정 쉬워진다 … 필수 서류는 '참고용'으로", 2020년 2월 22일. https://www.joongang.co.kr/article/23712687.
33) 동아일보, "'동성결혼' 네덜란드 2001년 첫 합법화", 2004년 2월 16일. https://www.donga.com/news/Inter/article/all/20040216/8030381/1.
34) HUFFPOST, "Inside Out : Portraits Of Cross-Gender Children' Beautifully Documents Transgender Kids", 2017년 12월 6일. https://www.huffpost.com/entry/inside-out-portraits-cross-gender-children_n_7318026.

3장. 동성끼리의 성접촉, 안전한 걸까?

1) 기미경 외, "한국 남성 동성애자들의 성 행태와 후천성면역결핍증에 대한 인식", 『예방의학회지』, 2004, vol. 37, no. 3, 220-224. https://www.kci.go.kr/kciportal/ci/sereArticleSearch/ciSereArtiView.kci?sereArticleSearchBean.artiId=ART001096274.
2) 질병관리본부, 고려대학교 의과대학 산학협력단 보고서, "전국 성의식 조사", 2015년, 30. https://scienceon.kisti.re.kr/commons/util/originalView.do?cn=TRKO201600015992&dbt=TRKO&rn=.
3) Time, "The 10 Cities With the Highest LGBT Percentage in the U.S", 2015년 3월 20일. http://time.com/3752220/lgbt-san-francisco/.
4) The Korea Herald, "아델리펭귄의 충격적인 '성적 변태성' 밝혀져!", 2012년 6월 11일. https://www.koreaherald.com/view.php?ud=20120611001032.
5) Hamer DH, Hu S, Magnuson VL, Hu N, Pattatucci AM. "A linkage between DNA markers on the X chromosome and male sexual orientation", Science, 1993 Jul 16 ; 261(5119) : 321-7. http://science.sciencemag.org/content/261/5119/321.long.

6) Rice G, Anderson C, R isch N, Ebers G., "Male homosexuality : Absence of Linkage to Microsatellite Markers at Xq28", Science, 1999 Apr 23 ; 284(5414) : 665-7. http://science.sciencemag.org/content/284/5414/665/tab-pdf.
7) Mustanski BS, Dupree MG, Nievergelt CM, Bocklandt S, Schork NJ, Hamer DH. "A genomewide scan of male sexual orientation", Hum Genetics, 2005, 116(4) : 272-8. http://beck2.med.harvard.edu/week6/Mustanski%20%20dupree%20genome%20scan%20of%20male%20sexual%20orientation%202005.pdf.
8) 길원평 외, "동성애의 선천성을 옹호하는 최근 주장들에 대한 반박",『신앙과 학문』, 2017, vol. 22, no. 3, 통권 72호. 7-29. https://www.kci.go.kr/kciportal/ci/sereArticleSearch/ciSereArtiView.kci?sereArticleSearchBean.artiId=ART002268355.
9) 국민일보, "[젠더 이데올로기 실체를 말한다] 동성애 유발 유전자 발견했다던 과학자, 12년 뒤 연구결과 번복", 2019년 10월 22일. https://v.daum.net/v/20191022000707541?s=print_news.
10) 길원평 외, "동성애의 선천성을 옹호하는 최근 주장들에 대한 반박",『신앙과 학문』, 2017, vol. 22, no. 3, 통권 72호. 18-19. https://www.kci.go.kr/kciportal/ci/sereArticleSearch/ciSereArtiView.kci?sereArticleSearchBean.artiId=ART002268355.
11) 길원평 외, "동성애의 선천성을 옹호하는 최근 주장들에 대한 반박",『신앙과 학문』, 2017, vol. 22, no. 3, 통권 72호. 18-19. https://www.kci.go.kr/kciportal/ci/sereArticleSearch/ciSereArtiView.kci?sereArticleSearchBean.artiId=ART002268355.
12) 미국 질병관리본부(CDC) 홈페이지, "Gay and Bisexual Men's Health-Sexually Transmitted Diseases", 2016년 3월 9일. http://www.cdc.gov/msmhealth/std.htm.
13) 미국 질병관리본부(CDC) 홈페이지, "Gay and Bisexual Men's Health-Sexually Transmitted Diseases", 2016년 3월 9일. http://www.cdc.gov/msmhealth/std.htm.
14) Markland AD, Dunivan GC, Vaughan CP, Rogers RG. "Anal Intercourse and Fecal Incontinence : Evidence from the 2009-2010 National Health and Nutrition Examination Survey", Am J Gastroenterol, 2016 Feb, 111(2) : 269-74. https://www.ncbi.nlm.nih.gov/pmc/articles/PMC5231615/.
15) Canadian Institutes of Health Research, "Team Grant : Advancing Boys' and Men's Health Research(2014-2019)", 2019년 10월 28일. https://cihr-irsc.gc.ca/e/49638.html.
16) 영국 공중보건국(PHE) 보고서, "The Resurgent Global HIV Epidemic among Men who have sex with Men", 2013년, 30. https://www.bhiva.org/file/zkSwsEmuaKOje/KevinFenton.pdf.
17) 서울대학교병원 의학정보, "세균성 이질[shigellosis]", 2022년 9월 8일 접속. http://

www.snuh.org/health/nMedInfo/nView.do?category=DIS&medid=AA000442.
18) 영국 공중보건국(PHE), "Shigella dysentery on the rise among gay and bisexual men", 2014년 1월 30일. https://www.gov.uk/government/news/shigella-dysentery-on-the-rise-among-gay-and-bisexual-men.
19) 미국 질병관리본부(CDC) 홈페이지, "Shigella Infections among Gay and Bisexual Men". https://cms3.revize.com/revize/gilaaz/government/health_and_emergency_services/health_services/docs/msm-factsheet-508.pdf.
20) 미국 질병관리본부(CDC), "About Shigella Infection Among Gay, Bisexual, and Other Men Who Have Sex with Men", 2024년 4월 10일. https://www.cdc.gov/shigella/about/about-shigella-infection-among-gay-bisexual-and-other-men-who-have-sex-with-men.html?CDC_AAref_Val=https://www.cdc.gov/shigella/msm.html.
21) 세계보건기구(WHO), "Hepatitis A outbreaks mostly affecting men who have sex with men-European Region and the Americas", 2017년 6월 7일. https://www.who.int/news/item/07-06-2017-hepatitis-a-outbreaksmostly-affecting-men-who-have-sex-with-men-european-region-and-theamericas.
22) 미국 질병관리본부(CDC), "Gay and Bisexual Men's Health - Viral Hepatitis", 2016년 2월 29일. https://www.cdc.gov/msmhealth/viral-hepatitis.htm.
23) 미국 질병관리본부(CDC), "Populations and Settings-Men Who Have Sex with Men" (Men Who Have Sex with Men and Viral Hepatitis), 2020년 8월 24일. https://www.cdc.gov/hepatitis/populations/msm.htm.
미국질병관리본부(CDC), "Hepatitis A Questions and Answers for the Public" (Hepatitis A Questions and Answers for the Public), 2020년 7월 28일. http://www.cdc.gov/hepatitis/hav/afaq.htm.
24) 미국 질병관리본부(CDC), "Populations and Settings-Men Who Have Sex with Men" (Men Who Have Sex with Men and Viral Hepatitis), 2020년 8월 24일. https://www.cdc.gov/hepatitis/populations/msm.htm.
25) 영국 공중보건국(PHE), "Hepatitis A among gay and bisexual men", 2017년 6월 20일. https://www.gov.uk/government/news/hepatitis-a-amonggay-and-bisexual-men.
26) 위의 자료.
27) 미국 질병관리본부(CDC), "About HIV", 2022년 6월 30일. https://www.cdc.gov/hiv/basics/whatishiv.html.
28) U. S. Department of Health and Human Services, AIDS info, HIV/AIDS News, "CDC Leading New Efforts to Fight HIV Among Gay, Bisexual Men and Transgender People", 2020년 11월 10일. https://clinicalinfo.hiv.gov/en/news/cdc-leading-new-

efforts-fight-hiv-among-gay-bisexual-menand-transgender-people.
29) 미국 질병관리본부(CDC), "HIV Surveillance-Adolescents and Young Adults", 2016년. https://www.cdc.gov/hiv/pdf/library/slidesets/cdc-hivsurveillance-adolescents-young-adults-2016.pdf.
30) 연합뉴스, "男동성애자 에이즈 예방 노력 효과 없어", 2012년 7월 20일. https://www.yna.co.kr/view/AKR20120720128100009.
Medscape, "Lancet Series Covers HIV/AIDS in Men Who Have Sex With Men", 2012년 7월 23일. https://www.medscape.com/viewarticle/767922.
31) 보건복지부, "제4차 국민건강증진종합계획(2016-2020)", 2015년, 322. http://www.mohw.go.kr/react/jb/sjb030301vw.jsp?PAR_MENU_ID=03&MENU_ID=0319&CONT_SEQ=330479.
32) 질병관리청 질병예방센터 결핵·에이즈관리과, "2019년 HIV/AIDS 신고현황, 주간 건강과 질병", 2020년, 제13권 제35호, 2574-2579. https://kdca.go.kr/board/board.es?mid=a20602010000&bid=0034&act=view&list_no=368232.
33) 국민일보, "김준명 연세대 의대 교수 '청년·청소년 에이즈 감염 빠르게 증가'", 2016년 8월 25일. https://m.kmib.co.kr/view.asp?arcid=0923610744.
34) 보건복지부, "제4차 국민건강증진종합계획(2016-2020)", 2015년, 323. http://www.mohw.go.kr/react/jb/sjb030301vw.jsp?PAR_MENU_ID=03&MENU_ID=0319&CONT_SEQ=330479.
35) 김준명 외, "국내 HIV 감염의 감염 경로 : 한국 HIV/AIDS 코호트 연구", 『대한내과학회지』, 2018, v. 93, no. 4, 379-389. https://www.ekjm.org/journal/view.php?number=25545.
36) 질병관리청, "국가 에이즈관리사업 평가 및 전략 개발", 2014년. 60. https://nih.go.kr/board/board.es?mid=a40801000000&bid=0050&act=view&list_no=25711.
37) 보건복지부, "제4차 국민건강증진종합계획(2016-2020)", 2015년. 323. http://www.mohw.go.kr/react/jb/sjb030301vw.jsp?PAR_MENU_ID=03&MENU_ID=0319&CONT_SEQ=330479.
38) 서울신문, "샌프란시스코·실리콘밸리는 '세계 게이들의 수도'", 2014년 10월 31일. https://www.seoul.co.kr/news/newsView.php?id=20141031800048.
39) 캘리포니아 관광청 홈페이지, "LGBTQ + Travel in San Francisco", 2022년 9월 8일 접속. https://www.visitcalifornia.com/experience/lgbtq-travelsan-francisco/.
40) Hunt Clark Creative, "health-egrifta", 2022년 9월 7일 접속. http://mykidsneedshoes.com/categories.html#health.
41) 미국 질병관리본부(CDC), "LGBT Health, Lesbian and Bisexual Women", 2021년 4월 22일. https://www.cdc.gov/lgbthealth/women.htm.

42) 영국 공중보건국(PHE), "Syphilis epidemiology in London Sustained high numbers of cases in MSM", version 1.1, 11, 2016년. https://assets.publishing.service.gov.uk/government/uploads/system/uploads/attachment_data/file/547072/london_syphilis_report.pdf.
43) 미국 질병관리본부(CDC), "Gay and Bisexual Men's Health-Sexually Transmitted Diseases", 2016년 3월 9일. https://www.cdc.gov/msmhealth/STD.htm.
44) 미국 질병관리본부(CDC), "Sexually Transmitted Disease Surveillance : STDs 2015", 2016년. https://www.cdc.gov/std/stats/archive/STDSurveillance-2015-print.pdf.
45) 위의 자료, 81.
46) 위의 자료, 19.
47) 위의 자료, 106.
48) 위의 자료, 21.

우리 자녀를 위한 신호등 성교육 시리즈

이만하길 다행이야 2

사춘기를 지나 남자와 여자로 쑥쑥 성장하고 있는 아이들에게

초판발행   2024년 12월 10일

지 은 이   김지연
그   림   김지연
펴 낸 이   강성훈
발 행 처   PCKBOOKS
주   소   03128 / 서울시 종로구 대학로3길 29, 신관 4층(연지동, 총회창립100주년기념관)
편 집 국   (02) 741-4381 / 팩스 741-7886
영 업 국   (031) 944-4340 / 팩스 944-2623
홈페이지   www.pckbook.co.kr
등   록   No. 1-84(1951. 8. 3.)

ISBN 978-89-398-8008-5
값 7,800원

※ 이 출판물은 저작권법에 의해 보호를 받는 저작물이므로 무단전재와 무단복제를 할 수 없습니다.